Unerwartete Begegnungen

Uschi Zietsch
Geboren 1961 in München, publiziert seit 1986 in vielen verschiedenen Genres, ist als Susan Schwartz Teamautorin bei *Perry Rhodan*, gibt Schreibseminare, arbeitet zudem als Lektorin und Coach und ab und zu als Moderatorin sowie Stand-up-Comedian im Duo Außer&Irdisch.

Bei Fabylon sind u.a. erschienen:
Elfenzeit
Die Chroniken von Waldsee
Das Reich Albalon
www.uschizietsch.de

Uschi Zietsch

Unerwartete Begegnungen

Anthologie • Werkausgabe 1

Fabylon

Dieser Titel ist auch als fabEbook erschienen.

Umschlaggestaltung: Madeleine Hirdt, Covermotiv: Thomas Budach
Satzlayout: Stefan Friedrich, Garching
Herstellung: booksfactory
ISBN 978-3-946773-47-4

www.fabylon.de

Vorwort

Hier ist er also nun, der erste Band meiner Kurzgeschichten-Werkausgabe. In diesem Teil finden sich unter anderem Science-Fiction, Social-und-Fiction, Krimis und eine Bonusgeschichte.

Allen Storys ist gemein, dass sie aufgrund irgendeines äußeren Reizes schlagartig und bereits fertig entwickelt und erzählt aus meinem Kopf purzelten. Sei es durch ein persönliches Erlebnis oder ein Thema, auch das Schlagwort einer Ausschreibung. Dem habe ich stets sofort nachgegeben, und wenn ich unterwegs auf einen Parkplatz fahren oder ein Abendessen unterbrechen musste, damit sie nicht gleich wieder verwehten.
Manche dieser spontanen Kopfgeburten wurden später veröffentlicht, manche bekamen Preise.

Die Bibliographie erzählt mehr dazu, hier und da mit Erläuterungen versehen.

Aber genug davon, lest und findet eure eigene Lieblingsgeschichte, so wie ich die meine. (Ist wahrscheinlich nicht schwer zu erraten, welche das ist.)

Viel Lesespaß!

Markt Rettenbach, März 2024

Inhalt

Jagdfieber

Hallo ihr da draußen, hier ist Silberfuxxx!

Shup-shup, dass ihr alle live dabei seid, wenn ich mich heute an meine größte Herausforderung wage: Das Geheimnis des unheimlichen Monsters vom Grand National zu lüften! Seit Wochen treibt es sein Unwesen, zahllose Menschen hat es auf schaurigste Weise ermordet, und doch gibt es keine gesicherten Aufnahmen davon. Fakes allerorten, wer so alles das Monster gesehen und aufgenommen haben will, mehr cringe geht nicht. Echt was zum Fremdschämen. Fehlen nur noch die Selfies dazu, haha!

Um dazu gleich die ersten Kommentare der Hater vorwegzunehmen – ja, natürlich mache auch ich hauptsächlich Selfies, ich bin schließlich Influencerin und keine Journalistin, d'accord? Ihr wollt ja mich und mein hübsches Gesicht sehen, selbst meine Hater. Oder vor allem die? Uuuh, ich seh schon, wie es reinrasselt. Mir ist das gleich, Hauptsache, ihr folgt mir, und meine Beiträge gehen um die Welt. Darauf kommt's mir an, denn, oh Wunder, ich hab was zu sagen, nicht nur zu zeigen!

Ja, Emma3001, ich nehme natürlich Rücksicht auf deine Aufmerksamkeitsspanne von zehn Sekunden und höre gleich mit der longlasting Einleitung auf. Und wer jetzt weiterskippt, verpasst die Neuheit, das Novum, das Noch-Nie-Dagewesene! Das wird sowas von siu, ihr werdet ausrasten!

Weil das nämlich – TUSCH! – eine Live-Sendung wird!

Ich setze mir jetzt die Vortex-D-Brille auf, und nun … wechselt die Perspektive. Ihr seht durch meine Augen! Verschärft, nicht wahr? Diesmal ziehe ich alle Register. Ihr könnt alles sehen, was ich sehe, aber sprechen kann nur ich. Hähä. Wie immer könnt ihr euch in der Kommentarspalte äußern, die ich auch weiterhin mitverfolge, soweit es halt mit zunehmender Hektik möglich ist. Hey, aber bitte nicht vollballern, jetzt sind gleichzeitig über hundert aufgeploppt. Wie wär's, wenn ihr nur dann was sagt, wenn ihr auch was zu sagen habt, und bis dahin einfach zuhört? Und zuschaut!

Yay, ich sehe, wie die View-Daten steigen! Besser als gedacht! Großformatig!

Für alle, die jetzt erst zugeschaltet haben: Hier ist Silberfuxxx!

Shup-shup, dass ihr alle dabei seid, aber seid gewarnt: das wird eine lange, *sehr* lange Live-Sendung, und diese Wiederholung zur Begrüßung ist die letzte. Ich habe nicht vor, zwischendrin eine Pause zu machen, die Go-Ahead-Kamera bleibt permanent an, ebenso der Ton. Den schalte ich nur aus, wenn ich mal für kleine Füxxxe muss. Das Bild nicht, ihr seht mich ja nicht. Und in so einem Fall ist das gut so.

Ja, DemeterIris, ich sehe und grüße dich. Und EstaYY348, hast du dir die Haare schneiden lassen? Ah, Dunkelbier32, ich sehe schon, warum du so heißt.

Ich bin gespannt, wie lange ihr durchhaltet. Momentan bewegt sich meine Zuschauerzahl im sechsstelligen Bereich – sehr löblich. Oder habt ihr nichts anderes zu tun?

Ich sage euch, was *ich* zu tun habe: Ich werde dieses schpiep verfpiep Monster stellen und weltweit bekannt machen!

Seit Monaten jagt es uns Angst und Schrecken ein, der Tourismus ist eingebrochen, die Polizei ratlos. Selbst wenn eine Drohne mal das Ding erwischt, explodiert entweder die Kamera oder es ist nur ein verwaschenes Chaos drauf, aus dem die beste KI nichts mehr zusammensetzen kann, damit es ein erkennbares Bild ergibt.

Nein, ExoTerroristMag, die Polizei ist nicht stümperhaft, ahnungslos oder doof. Nochmal so ein Kommentar, und du fliegst raus. Das gilt für alle, die nur vom Sofa aus schlaue Sprüche dreschen können. Wer hier nicht schon vor Ort war und mitbekommen hat, was abgeht, einfach Fresse halten, okay?

Denn, oh liebe Besserwisser, ich bin bereits seit zwei Wochen hier, ich recherchiere seither, bin bei Polizeieinsätzen dabei und habe Dinge gesehen, von denen ihr nichts wissen wollt. Deswegen hab ich die auch nicht mit euch geteilt. Sondern lieber kleine Schnipsel gebracht, um euch neugierig auf das große Event zu machen – meine Jagd auf das Monster.

Zwei Wochen lang habe ich mit Expertenhilfe nach einem Platz gesucht, bei dem die Wahrscheinlichkeit hoch liegt, dass das Monster genau dort das nächste Mal auftauchen wird. Ja, ich weiß, die bisherigen Wahrscheinlichkeitsberechnungen haben alle danebengelegen, was – wie manche populären selbst ernannten Wissenschaftler behaupten – dafür sprechen könnte, dass dieses Mördervieh mit einer Art Intelligenz ausgestattet ist. Oder, wie UFO-Beschwörer herumtönen, die Außerirdischen seien gelandet und sie seien Predators. So wie die aus den Filmen, und die Filme seien in Wirklichkeit Dokus gewesen, weil die Predators nämlich schon mal dagewesen seien. Habt ihr nie von gehört? Geschweige denn gesehen? Kein Wunder, das Zeug ist urururalt, als es noch nicht mal In-ter-net gab. Also noch Prä-Transnetz. Aber die UFO-Anhänger sind ja immer schon ewiggestrig gewesen, schon seit der Steinzeit, als die ersten Götter ins Dasein gerufen wurden.

Ja, zusammenmurksen kann man viel, schon als Zweijähriger. Wenn ich mir von allem ein Schnipsel nehme, konstruiere ich halt ein Wolkenkuckucksheim, das beim ersten wissenschaftlichen Anhauch in sich zusammenfällt.

Deshalb, Freunde, werde ich jetzt *Beweise* liefern.

Ob ich das kann, fragst du, HasiPutzi? Na, was denkst du, wobei ich gerade bin und worüber ich die ganze Zeit rede? Klar kann ich das. Auch wenn keine Drohnen, Augenzeugen oder Polizei das Ding je identifiziert haben, so wird es *mir* gelingen.

Ich habe zwei Wochen lang nach der richtigen Stelle gesucht, ein Mords-Equipment zusammengestellt und aufgebaut.

Ob die anderen das nicht auch gemacht haben, Schneckelwutz37?

Klar.

Für die bin ich eine von vielen, eine Spinnerin, und es hat einiges an Aufwand gekostet, dass ich mein Vorhaben live umsetzen kann. Weil nämlich für meine Sicherheit gesorgt wird, aber diese nicht garantiert werden kann. Da gab's einen ganzen Roman zum unterschreiben der Ausschlüsse, Nicht-Haftungen etcpp, ich sag's euch. Aber das ist es wert. Das ist meine größte Show, und ihr werdet dabei sein. Ohne Schnitt, Komma und Punkt. Kein Dreh unter lediglich Live-Bedingungen mit KI-Nachbearbeitung, sondern *echt* live, in Farbe und Bunt. Na gut, nachts eher grün, denn, ja, auch dafür ist gesorgt.

Seht ihr? Stativ, Kamera, Fotofalle, Mikros, Computer, Generator … Ich zeig's euch im Detail. Alles erhalten von meinen Sponsoren, die ich jetzt an den Bildrändern einblende. Ich freue mich über jeden Klick, den ihr auf die macht und vielleicht auch noch was kauft. Denn dann sponsoren die mich weiter und meine Seite wird auch bezahlt.

Ja, was glaubt ihr denn, was dieser Spaß kostet? Denkt ihr, ich mach das hier aus reiner Funnesse, weil ich sonst nichts Besseres zu tun habe? Ich bringe hier vollen körperlichen Einsatz, um euch zu unterhalten! Das kostet!

Genug der Einleitung, ich zeige euch jetzt den Platz, wo ich das Equipment aufgebaut habe. Schön ist es hier, nicht wahr? Die Baumwipfel rauschen, das Gras ist fett, und an den feuchteren Stellen bei den Wurzeln sind überall Moose und kleine Farne. Die Renaturierung hat voll gegriffen, und mit dem sanften Tourismus, durch den man hier gegen teures Geld nur geführt rein darf, kommt auch die Finanzierung zustande.

Was keineswegs erklärt, wie ein Monster da drin versteckt sein kann. Wurde es sogar hier geboren? Ist unter all den Häslein und Rehlein aufgewachsen, bis es irgendwann zu groß geworden ist, Blut geleckt und festgestellt hat, dass Menschen am besten schmecken?

Oder ist es einem Labor entkommen?

So viele Fragen, keine Antworten. Vor allem in Bezug auf einen fehlgeschlagenen Laborversuch wird man den Teufel tun, uns die Wahrheit zu sagen. Und genau deswegen bin ich jetzt hier!

Seit acht Wochen werden wir nun terrorisiert. Eine Urban Legend baut sich auf, und die Fakes draußen überschlagen sich fast, einschließlich der Abzocker, die sofort ihre Chance gewittert haben und nun alle möglichen angeblich echten Devotionalien, verwackelte und verschwommene Aufnahmen und dergleichen mehr verkaufen, einschließlich der angeblich wissenschaftlichen Dokus.

Dem schiebe ich einen Riegel vor! Ich werde euch den Beweis liefern, alle werden es sehen, und dann haben diese ganzen Lügner und Bizneps das Nachsehen.

Oh, mittlerweile feiern wir schon einen Rekord. Die Zuschauerzahlen steigen und steigen!

Das freut sicherlich auch den Leiter der SOKO, den ich euch hiermit vorstelle, der alles koordiniert und überwacht. Bedankt euch bei ihm, dass ich hier sein darf. Ja, sehr gut, ich zeige ihm die Kommentare und Herzchen und Daumenhochs. Schön, nicht wahr?

Vielen Dank, dass Sie mir das Vorhaben trotzdem noch ausreden wollen, aber wir waren uns ja einig, der Welt die Wahrheit zu zeigen, damit mal alles runterkommt von der Massenhysterie.

Denn, ihr glaubt es kaum, hier gibt es Vandalismus ohne Ende, ständig dringt jemand in den Park ein, treibt die Tiere raus und zerstört mutwillig zerbrechliche Ökologie, nur um angeblich das Monster erlegen zu wollen. Es ist schon zu gewalttätigen Ausschreitungen gekommen, und was die Medien darüber berichten, nun ja, trägt nicht gerade zur Deeskalation bei.

Vielen Dank, ich weiß, dass Sie in der Nähe sind und brauche keine Angst zu haben. Sie alle werden mich beschützen.

Ob ich mich als Köder sehe, AgentDark11?

Ja, natürlich bin ich das, da brauchen wir gar nichts zu beschönigen.

Das Biest tritt immer nur nachts auf, aber sicherlich hat es mitbekommen, dass ich hier drei Stunden lang das Equipment aufgebaut habe. Wenn es stimmt, dass es über eine gewisse Intelligenz verfügt, kann es sein, dass es dann woanders zuschlägt. Der ganze Wald ist derzeit abgeriegelt, überall sind schwerbewaffnete Posten, auf alles gefasst. Sollte es fliehen wollen, keine Chance – im Freiland haben wir es sofort. Dort fliegen Drohnen Patrouille und Hubschrauber sind sofort starbereit. *Alles* wird es ja wohl nicht gleichzeitig zerstören und explodieren lassen können, oder?

Jetzt oder nie.

Es kann natürlich auch sein, und das ist genau die Wette, auf die ich setze, dass die Bestie grad erst recht den Angriff auf mich startet, um mir zu zeigen, wie blöd ich bin, mich in ihre Nähe zu wagen und zu glauben, schlauer zu sein als sie.

Klar habe ich Angst, ihr vielen Kommentatoren, aber ich werde wirklich gut bewacht. Wir hatten überlegt, dass ich mich in eine Art Haikäfig setzen könnte, aber das würde erst recht zur Todesfalle, weil ich da nicht mehr rauskomme. Nach allem, was die Bestie bisher zerstört hat, halten wir oberirdisch nichts für stabil genug, um ihr standzuhalten. Mehr dazu gleich noch.

Wir müssen halt einfach alle sehr schnell sein.

Und ihr bekommt hoffentlich ein Spektakel, wie es noch nie eines gegeben hat.

Oh, gut, dass du mich darauf hinweist, Naturkind2024, an dem Käfig bin ich bisher nur vorbeigeschwenkt, und jetzt randaliert er, weil er sich nicht beachtet fühlt.

Das hier ist Hugo, der Eichelhäher. Hübsch, nicht wahr? Eichelhäher sind Krähenvögel und die Wächter des Waldes, ihnen entgeht nichts, und sie sind immer die ersten, die anschlagen. Und zwar mit einem Gekreisch, das keiner überhören kann.

Das war auch bei jedem Angriff des Monsters der Fall, weswegen wir uns schon darauf einstellen können – nur leider vergehen lediglich drei bis vier Sekunden von der Warnung bis zum Gemetzel, sodass man sich nicht wirklich in Position bringen kann. Dem wollen wir diesmal abhelfen, indem Hugo bei mir ist, mich warnt, und dann tauche ich ab.

Jep, kommen wir jetzt zu der Käfig-Alternative: Schaut mal, wir haben hier unter dem Moos so einen kleinen Schutz gebaut, es ist nicht mehr als ein Sarg, haha, der aber einigem Druck standhalten kann. Ich verschwinde darin, mach den Deckel zu, der von außen keine Nut und Naht aufweist und somit keinen Hebelpunkt für einen ungeduldigen Schläger, und dann sind die anderen am Zug. Luftversorgung hab ich für ein paar Stunden, sollte es erforderlich sein, denn zu meinem Grab soll das ja nicht werden.

Ob ich das ohne durchzudrehen aushalte, RambosSchatz1213?

Ich glaub schon, wenn da über mir ein Biest wütet. Da ist alles willkommen, was vor Pranken und Klauen oder was auch immer schützt. Und ich muss ja auch nicht allzu lange darin ausharren. So schnell der Angriff erfolgt, so schnell ist er auch wieder vorbei, das war bisher jedes Mal der Fall. Das dauert keine Minute.

So!

Es fängt an zu dämmern, also gehe ich jetzt in Position.

Ich mache mal aus meiner Bodenperspektive einen schönen Schwenk. So fühlt man sich wohl als Waldmaus.

Diese Stimmung ist toll, nicht wahr? Die rosafarbenen Wolkenschleier, die immer röter werden, je tiefer die Sonne sinkt. Im Wald ist es ruhig, die einen gehen schlafen, die anderen kommen grad erst zu sich. Die Bäume werden zusehends dunkler in dem Dämmerlicht, wie düstere Standbilder.

Es ist windstill, aber ich spüre trotzdem, wie es rasch kühl und klamm wird. Hauchfeiner Nebel tastet sich über die Grasspitzen heran, hinterlässt im letzten Licht glitzernde Tropfen auf den zwischen den Halmen gespannten Spinnennetzen. Vielleicht gibt es den ersten Frost … noch bildet sich kein Dampf vor meinem Mund. Wäre ein toller Zusatzeffekt gewesen, nicht wahr? Vielleicht flechte ich das noch in das Special ein, das ich vorhabe, komprimiert mit den Highlights und KI-unterstützt aufbereitet. Das kommt bestimmt gut an.

*

Gähn! Jetzt sind drei Stunden Warterei vergangen, und ehrlich gesagt, mir tut alles weh. Ich hab mich nicht bewegt, ich wünsche mir einen dampfenden Becher heißen Tee, meine Füße sind eingeschlafen, und ich hab eiskalte Finger. Hunger hab ich auch. Das ist schon was, mal live so was mitzumachen, ohne zu zocken oder ne Serie zu bingen. Ich kann aber nicht sagen, hab ich nicht gewusst, denn ich wurde darauf vorbereitet.

Ihr habt es gut, die ihr immer noch zahlreich dabei seid! Und geduldig mit mir ausharrt! Ja, ich weiß, EllenHochDrei, dass du seit der ersten Sekunde dabei bist und ich freue mich, dass du mich bei der Stange hältst.

Und deswegen halte ich das aus, ihr People da draußen, nur für euch.

Das Einzige, was mich kirre macht ist die immer stärker drängende Frage, ob der ganze Aufwand vielleicht doch umsonst ist und ich vergeblich hier vor mich hin leide.

Und das Zweite, ja-ha, es gibt doch noch was zu dem Einzigen dazu, mir fallen langsam die Augendeckel zu. Das wäre aber schlecht für euch, denn dann seht ihr nichts mehr und hört nur noch mein Schnarchen.

Hugo schläft natürlich auch längst und wird nicht von Nutzen sein.

Wahrscheinlich werden die anderen bald abbrechen. Ich gebe das Signal nicht, das steht fest. Denn ihr seid alle bei mir und wir halten das durch.

Mit der Nachtsicht ist das alles schon recht geheimnisvoll, schlierige Bewegungen, alles grün und schattig, ab und zu seh ich Augen aufglühen. Das ist gruslig. Aber es ist ein Fuchs. Jetzt ein Dachs. Die Katze, ob das wohl eine echte Wildkatze ist, oder ein Stubentiger? Oh, hallo Hase.

Da bin ich gleich wieder hellwach, ich hätte gar nicht gedacht, dass so viel los ist auf diesem kleinen Fleckchen. Da staksen zwei Rehe, seht ihr sie? Habt ihr sowas Entzückendes nachts im Wald schon mal erlebt?

Sie fangen an zu mümmeln, als wüssten sie, dass kein Jäger unterwegs sein wird. Die allgemeine Jagd ist hier ja sowieso strengstens verboten. Und trotzdem ballern hier immer welche illegal rum, weil man ja sein Fleisch für den Teller selbst jagen muss, so wie damals in der Urzeit. Das ist vermutlich das, was diese Wilderer unter »im Einklang mit der Natur« verstehen. Nur, dass es längst keine echte Natur mehr gibt und Töten mithilfe von jeder Menge Technik und modernen Waffen aus der Fabrik nichts mit »Einklang« zu tun hat. Den Tieren wird Stress und Schmerz bereitet, nur um nen Steifen zu kriegen. Na aber hallo, wie wär's mit dem Monster?

Heute jedenfalls scheint niemand da zu sein, zumindest höre ich kein Knallen. So allmählich zeigen die Absperrungen und die Festnahmen samt Geldstrafen doch Wirkung.

Oh, was ist das? Ist das … ein Licht? Sieht seltsam aus, was haltet ihr davon?

Scheinwerfer könnten es sein, einfache Taschenlampe sicher nicht. Was, Handylicht? – Also bitte, echt nicht, Leute.

Ich höre Stimmen … oh, schnell weg mit der Nachtsicht, verdammt, jetzt haben sie die Strahler eingeschaltet. Hört ihr das? Scheint, als hätten sich doch wieder ein paar Spaßvögel eingeschlichen. Na, die werden was erleben.

Moment.

Irgendwas … stimmt da nicht. Da ist eine Bewegung im Wald, die nicht zu Menschen passt. Viel zu stark. Bäume bewegen sich! Und ein Wind … irgendsowas … kommt auf.

Ein Strahler explodiert, autsch, gut, dass ich die Nachtsicht aus habe.

Und Hugo … Hugo ist aufgewacht. Er schaut sich um, hüpft unruhig im Käfig.

Soll ich mich vielleicht doch lieber in den Sarg begeben?

Ja, ich weiß, dass ich hektisch atme, SuperDocMax, das hier ist Stress, Superstress, und allmählich krieg ich Angst.

Sobald der Vogel anschlägt, bin ich weg, das sag ich euch. In den Sarg kriegt mich keiner, das halte ich nicht aus, ich kriege jetzt schon Zustände, wenn ich nur daran denke.

Oh mein Gott, der zweite Strahler ist explodiert, und jetzt überschlagen sich die Stimmen, ich seh Bewegungen … schwer auszumachen ohne Nachtsicht, aber mit geht erst recht nicht bei dem Restlicht … Und da ist noch etwas.

Sie schreien. Die Menschen schreien panisch! Ich sehe die herumschwenkenden Lichter von Taschenlampen, der dritte Strahler knallt durch, und Hugo …

Schpiep, Hugo schlägt an. Hugo, kleiner Freund, nur die Ruhe, komm, ich nehm deinen Käfig, wir hauen ab, und zwar ganz schnell, du und ich. Ich hab keine Ahnung, was da passiert, aber ich setze dieser Show jetzt einen Schlusspunkt. Und ergreife Hasenpanier.

Leute, ich höre es kommen. Seht ihr, wie das Gebüsch wackelt? Und wo sind die anderen? Es ist so dunkel … es ist so still …

Ja, verdammt, ich weiß, dass ich schneller sein muss, aber lauft ihr doch mal im Dunkeln durch so unebenen Schmodder! Schreit mich nicht an, ich mach ja schon!

Fpiep! Da kommt

Der perfekte Friede

1
2073

»*Die Menschheit muss in Frieden leben können,* befand der Friedensforscher Prof. Dr. Jesko Mirfrid im Jahre 2038. Er war natürlich nicht der Erste, der zu diesem Schluss kam. Aber der Erste, der … na, Mischki?«

Mischki, der sich gerade einen gesunden Schulschlaf gönnte, fuhr hoch, als sein Ecocas ihm durch einen Impuls einen elektronischen Klaps verpasste. »Autsch!«

»Falsche Antwort.«

»Aber ich habe doch gar nicht …«

»Natürlich nicht. Du hast wie immer keine Ahnung. Wer kennt die Antwort?«

Annake meldete sich eifrig zu Wort: »Prof. Dr. Jesko Mirfrid war der Wegbereiter des globalen Friedens, indem er entscheidend an dem Projekt zur Ableitung des Aggressionspotenzials mitarbeitete und die Lösung für einen Ausgleich fand!«

Mischki verzog das Gesicht. Sein V-Imago verfärbte sich daraufhin grün, Augen und Mund stachen rot hervor. »Alte Streberin!«, giftete er. Er sah sich im V-Teaching um, ob noch jemand derselben Meinung war wie er. Aber die übrigen Mitschüler waren alle aufmerksam und brav, wie immer. Sie beachteten den aufsässigen Mitschüler nicht einmal.

Das stets ein wenig verwaschen wirkende V-Imago der Lehrerin strahlte unverändert Freundlichkeit aus. Kireetha war sehr schön generiert worden, fast engelsgleich, mit ihren langen blonden Haaren, den großen blauen Augen und dem weichen Mund. Die meisten Schüler lagen im Wettstreit um ihre Gunst und legten sich dafür ins Zeug. Auch Mischki war stets sehr beeindruckt von Kireethas Erscheinung, doch leider verlor er sich eher im Träumen, anstatt fleißiger zu werden. Irgendwie schien Mischki etwas anders als die anderen zu sein. Aber das bekümmerte ihn selbst nicht, und es schien auch niemanden weiter zu interessieren.

Kireetha war darauf programmiert, den Schülern besonders viel beizubringen, und das so moderat und motivierend wie möglich. Sanft sagte sie: »Na siehst du, Mischki, so schwierig ist das gar nicht. Das könntest du auch wissen, wenn du nur ein wenig aufmerksamer wärst. Dann bräuchtest du nicht so viel Nachhilfe.«

»Ich glaube, ich bin etwas müde, weil ich so viel Nachhilfe bekomme«, meinte Mischki vorsichtig. »Ich kann einfach nichts dafür, dass ich immer einschlafe.« Das behauptete er ganz kühn und hoffte, dass Kireetha ihm das glaubte. Hastig zauberte er das mattbeige Bleich der Ehrlichkeit über sein V-Imago.

Dass er die Einstellungen manipulieren konnte, verstand sich von selbst. Sonst wäre Mischki schon längst aus diesem 3-Sterne-V-Teaching geflogen und in einem anderen gelandet, mit nur einem Stern und einem strengen, graufarbenen Koomes ohne Emotio-Siegel. Da spielte das Aussehen des V-Imago keine Rolle, auch nicht die Beteuerung, sich bessern zu wollen. Nur die Leistung zählte, und wurde die nicht erbracht, gab es Nachsitzen, bis der Kopf brummte.

Kireethas Lächeln wurde breiter. »Mach dir darüber keine Gedanken, das bekommen wir in den Griff. Vielleicht zeigst du bereits einen kleinen Fortschritt und kannst mir etwas über die *Mirfrid-Konstante* sagen?«

Jetzt kam Mischki ins Schwitzen. Kireetha war doch schlauer, als er angenommen hatte. Vielleicht glaubte sie ihm den guten Willen, aber sie ließ nicht alles durchgehen. Das bedeutete, jetzt musste er eine gute Antwort geben, sonst hatte er tatsächlich verspielt. »Ich … ich muss nur kurz nachdenken, dann kann ich antworten«, stammelte er. »Eine Minute, ja?«

»In Ordnung, Mischki. Eine Minute. Ich zähle.« Kireethas Mund bewegte sich, doch es kamen keine Laute, sondern Zahlen heraus. *60 … 59 … 58 …*

Mischki schaltete auf *Ruhe.* Eine imaginäre Mauer baute sich um ihn herum auf; nun konnte ihn niemand mehr sehen. Er projizierte ein Sensorfeld und ließ seine virtuellen Finger darüber tanzen.

Die Möglichkeit, sich hastig irgendwo in einer Bibliothek einzuloggen und nach der Lösung zu suchen, bestand leider nicht; das hatte bisher keiner geschafft, und wenn er noch so gewieft war.

Aber Mischki konnte sich in Annakes Terminal hacken; das war so ziemlich das erste, was er seit Zusammensetzung der Klasse gelernt hatte. Als Streberin kannte Annake die Antwort auf nahezu alles. Garantiert rezitierte sie gerade in Gedanken ihr Wissen über die Konstante, damit sie sich nicht verhaspelte, wenn sie nach Mischkis erwartetem Scheitern aufgerufen würde.

Mischki aktivierte ein Annake-Falschbild mit Stimmdämpfung, das er vor einiger Zeit in mühsamer Kleinarbeit programmiert hatte. Es legte sich über Annakes echtes V-Imago. Das Trugbild würde nicht lange halten, aber für Mischkis Zwecke dürfte es genügen. Gleichzeitig, bevor Annake die Manipulation auffallen konnte, schickte er einen kurzen Impuls, der Annakes Gehirn einen ganz bestimmten Reiz vermittelte.

Diese Stimulanz hatte Mischki zufällig beim verbotenen Surfen im neurologischen Archiv der Apothekergenossenschaft gefunden. Wirkte besser als ein chemisches Wahrheitsserum!

Und prompt öffnete sich Annakes Mund, und sie plapperte die Lösung heraus. Die Stimmdämpfung sorgte dafür, dass nur ein leises Gemurmel durch das V-Teaching schwebte.

»Niemand sagt vor«, mahnte Kireetha, während die Zahlen *32 … 31 … 30* aus ihrem Mund strömten.

Bevor sie misstrauisch werden konnte, stellte Mischki sein V-Imago wieder auf aktiv und rasselte herunter: »Um einen positiven Frieden garantieren zu können, muss das menschliche Aggressionspotenzial auf ein Minimum herabgesenkt werden, wobei die vollständige Unterdrückung abzulehnen ist, da dies Devolution und Degeneration zur Folge hätte. Daher muss das Potenzial in die richtigen Bahnen gelenkt und vor allem umgeleitet werden, um eine Gefährdung der individuellen Entfaltung und Störungen des sozialen Bewusstseins von vornherein auszuschließen. Mit der *ausgleichenden Formel,* die dem Gehirn die notwendigen Reize für die aktive Friedensmodellierung sicherstellt, kommt es zur harmonischen Konfliktregulierung, und die Gewaltbereitschaft wird auf weniger als ein Prozent reduziert. Im Kollektiv besteht dadurch hundertprozentige Sicherheit, ohne auf Individualität verzichten zu müssen.«

»Hervorragend«, konstatierte Kireetha, ohne eine Miene zu verziehen. »Ich gratuliere dir, Mischki.«

Mischki atmete auf. Er schien gerade noch davongekommen zu sein. Künstlich generierte Lehrer waren eben doch nicht so ausgefuchst wie echte Menschen.

Voller Freude sah er, wie Kireethas Gesicht durchsichtig und die Uhrzeit eingeblendet wurde.

»Das war es für heute, Kinder«, sagte Kireetha mit glockenklingender Stimme. »Eure Hausaufgaben werden jetzt gesendet. Bis morgen!«

Mischki war wieder einmal ein Glückskind. Die Schule war für den heutigen Tag beendet und der Junge tatsächlich um die Nachhilfe herumgekommen.

Hastig loggte Mischki sich aus und nahm den Helm ab. Erleichtert fuhr er sich durch die kurzen strohblonden Haare und hörte Mama Lythas Stimme, die zum Abendessen rief.

»Na, Bengel?« Mama Cherrie nahm Mischki in den Schwitzkasten und verstrubbelte ihm das Haar. »Wie war die Schule?«

»Dauernde Wiederholung«, antwortete Mischki und befreite sich nur mit Mühe, aber nachdrücklich. »Wirklich, Macie, ich bin zu alt für so was.«

»Herrje, ich vergesse ja immer, dass du schon dreizehn bist – ein fast erwachsener Mann!« Mama Cherrie grinste und zwinkerte Mama Lytha zu. »Bald wird er sich an der V-Uni immatrikulieren!«

»Und was wäre so falsch daran?«, rief Mischki, während er sich setzte und Hackbraten mit Kartoffeln auf seinen Teller schaufelte. »Wenn ihr mir endlich erlauben würdet, mich in die UB-Schule einzuloggen, könnte ich …«

»Das haben wir doch schon geklärt«, unterbrach Mama Lytha ungeduldig. »Ich will nicht, dass du dir den Stoff im Schlaf einpflanzen lässt! Wer weiß, was sie da alles mit dir anstellen oder dich konditionieren!«

»Ja, ich weiß schon, die große Weltverschwörung«, murmelte Mischki verdrossen und vertiefte sich einige Momente still in sein Essen, während sein Teller sich allmählich leerte. Dann knüpfte er an: »Und was hältst du von der Mirfrid-Konstante, Mala?«

Mama Lythas grünfunkelnder Blick hob sich langsam von ihrem Teller. Mit Bedacht legte sie Messer und Gabel beiseite. »Die Mirfrid-Konstante«, fing sie an, noch mit gemäßigter Stimme, »die Mirfrid-Konstante ist genau das, was die Menschheit sich schon immer gewünscht hat. Endlich Frieden. Und zwar global. Wir haben es geschafft, unseren Planeten zu retten, ohne die Ressourcen vollends auszuschöpfen, weil wir uns auf andere Dinge konzentriert haben als Wettrüsten und Kriege um Land, Energie und Wasser. Wir haben es geschafft, nahezu Vollbeschäftigung herbeizuführen, weil wir ein Staatssystem gefunden haben, das gesetzlich verpflichtet ist, sich ausschließlich für das Wohl aller einzusetzen. Und wir haben eine Station auf dem Mond gebaut und planen eine Kolonie auf dem Mars, in globaler Zusammenarbeit. Dank der Mirfrid-Konstante. Und natürlich auch dank des V-Netzes, das uns ein weltoffenes Leben von zu Hause aus ermöglicht, ohne dem Stress langen Reisens oder unerwünschter Bekanntschaften ausgesetzt zu werden. Es geht uns so gut wie noch nie. Und das seit fünfunddreißig Jahren oder so.«

Mischki hörte neugierig zu. Er kannte Mama Lytha viel zu gut, um nicht zu wissen, dass das längst nicht alles war, was sie zu sagen hatte. Vor allem sah er, wie Mama Cherries Stirn sich leicht umwölkte.

Der Junge wusste ganz genau, dass er jetzt besser schweigen sollte. Oder auf ein anderes Thema umschwenken.

Mischki war jedoch nicht umsonst Mama Lythas leiblicher Sohn. Und so hakte er auffordernd nach: »Aber …?«

Und Mama Lytha sprang auf und explodierte: »Damit tischt man uns die größte Lüge aller Zeiten auf! Dieser verblödete Professor hat den Herrschenden genau das in die Hand gegeben, was das Volk endlich fügsam macht, ohne dass jemals Kriege geführt werden müssen! Ich weiß das, denn ich bin vor der Umstellung geboren worden, ich war bereits fünf Jahre alt und habe die Welt anders gekannt als …« Ihr restlicher Atem entwich, ohne einem weiteren Wort Raum zu geben.

Für den Bruchteil einer Sekunde huschte Erstaunen über ihr finsteres Gesicht. Dann hellte es sich auf, ihre Augen begannen zu strahlen, und sie setzte sich wieder mit einem fröhlichen Lächeln. Heiter schloss sie: »Und welch ein Segen für uns! Ich hätte nie gedacht, jemals so glücklich sein zu können, und so zufrieden. Ja, es waren die Wissenschaftler, die das zuwege brachten und das Paradies schufen.« Mit Bedacht hob sie die zerknüllte Serviette vom Boden auf, breitete sie auf dem Schoß aus und glättete sie sorgfältig.

»Aber …«, begann Mischki erneut, doch diesmal nicht als Frage, sondern als Einwand.

Mama Cherrie legte eine Hand auf seinen Arm. Selten sanft bemerkte sie: »Ja, Mischki, genau darum geht es. Unsere Zukunft liegt in den Händen der Wissenschaft. So hätte es schon immer sein sollen, dann wäre uns viel erspart geblieben. Das zu erkennen und zu vermitteln hat Professor Mirfrid geschafft und durchgesetzt.«

Mischki schüttelte ihre Hand ab. Er kam sich ziemlich veräppelt vor, ein Charakterzug, den er an den Erwachsenen überhaupt nicht leiden konnte. Kinder wurden nie ernst genommen, dabei war er bereits dreizehn und begriff inzwischen so manches.

Aber gerade hast du doch etwas anderes angefangen, wollte der Junge loslegen. *Warum belügst du mich? Ich will endlich die Wahrheit wissen!*

Noch während er sich in seinen Zorn hineinsteigerte, kurz davor war, mit der Hand auf den Tisch zu schlagen und seine Mütter anzubrüllen, spürte er auf einmal ein sanftes *Klick* in seinem Verstand, und er wurde überschwemmt von Glücksgefühlen und Wohlbehagen. Nicht weniger energiegeladen, jedoch auf äußerst erfreuliche Weise. Der ursprüngliche Wunsch, den fast leergegessenen Teller auf dem Boden zu zerschmettern, erstaunte Mischki nun, und er fragte sich, wie man eine so harmonisch glatte, runde Fläche, die als Unterlage für Dinge diente, um die Geschmacksknospen zu erfreuen, auf so brutale Art zerstören wollte, wie er es gerade vorgehabt hatte. Als ob er neben sich gestanden hätte, ein anderer Teil seines Selbst, der zum Glück nur selten zum Vorschein kam.

Mischki strahlte. »Ja, ich glaube, ich habe es jetzt begriffen«, sagte er begeistert. »Ab morgen werde ich endlich in der Schule mithalten können!«

2
2079

Mischki wurde letztendlich doch ein Musterschüler, allerdings hegte er mit fünfzehn keine Ambitionen mehr auf die Universität. Man hatte ihm nämlich einen IT-Job angeboten, nachdem er beim Hacken in einen internationalen Konzern erwischt worden war. Die Frau, die Mischkis V-Identität im Netz einfing und festhielt, zeigte sich äußerst beeindruckt. »Noch zwei Jahre, und du bist besser als ich. Ich werde sehen, was ich für dich tun kann.«

Mischki hatte die Wahl: Entweder fünf Jahre lang Netzsperre, was totaler Isolierung und Rückkehr zur Steinzeit ziemlich nahe kam, oder als Trainee in eben diesem Konzern anzufangen, bei zunächst bescheidenem, dann profitorientiertem Gehalt.

Natürlich nahm Mischki den Job an, da er seine Lieblingsbeschäftigung zur bezahlten Arbeit machen konnte. Er akzeptierte dafür auch die Notwendigkeit, nicht von zu Hause arbeiten zu dürfen, sondern ein Büro im abgeschirmten Konzernhaus beziehen zu müssen.

Mama Lytha und Mama Cherrie sah er bald immer seltener, er bekam eine Dienstwohnung und Ausweise für diverse teure Clubs, in denen er regelmäßig mit stets wechselnder weiblicher Begleitung gesehen wurde.

2079 bekam Mischki eine Nervenkrise, als er sich nicht mehr aus einem historischen V-Game, das er gerade entwickelte, ausloggen konnte und gewaltsam durch Stromabschaltung befreit werden musste. Eine gefährliche Situation, die einen Schock herbeiführte.

Sehr zum Erschrecken seiner Freunde und Familie verhielt Mischki sich in den folgenden Wochen geradezu *abartig*, er wurde tollwütig wie ein Berserker - eine Verhaltensweise, die nach der Mirfrid-Konstante eigentlich gar nicht mehr möglich war.

Mischki tobte, schrie und brüllte. Niemand konnte ihn beruhigen.

Man sperrte ihn in dem geschlossenen, gedämmten Raum eines neurologischen Labors ein und untersuchte ihn eingehend.

Schließlich wurde die Ursache gefunden: Ein winziger Tumor unterhalb des Stirnlappens, der genau auf das Emotionszentrum gedrückt hatte. Er wurde entfernt und Mischki nach der Mirfrid-Konstante »neu justiert«, wie die Wissenschaftler ihm erklärten.

»Was bedeutet das genau?«, wollte Mischki wissen.

»Das Verhältnis der positiven Emotionen ist wiederhergestellt«, antwortete ein gelehrter Mann. »Das Aggressionspotenzial wird wieder erfolgreich umgeleitet.«

»Umgeleitet, wohin?«, fragte Mischki.

»In positive Energien, natürlich«, lautete die etwas gereizt klingende Auskunft. »Aggression ist ein Urtrieb, der uns eine Menge Energie spendet, die wir nutzen wollen und müssen. Deswegen merzen wir sie weder genetisch aus, noch unterdrücken wir sie – wir leiten sie in positive Antriebe um. Oder fühlen Sie sich etwa nicht besser?«

»Doch«, gab Mischki zu. Er fühlte eine Aufwallung von Wärme und Zufriedenheit. Und den Wunsch, das Labor so schnell wie möglich wieder zu verlassen. »Ich fühle mich nicht besonders wohl als Versuchstier. Außerdem will ich endlich wieder etwas *tun*.«

»Interessant, wie Sie das sagen«, meinte der Wissenschaftler. »Nun, Sie sind gesund, der Tumor hat keine Rückstände hinterlassen. Sie können nach Hause und bald Ihre Arbeit aufnehmen.«

In seiner Wohnung wurde Mischki wie ein Held empfangen, und sie feierten das ganze Wochenende hindurch. Mischkis Firma bot ihm an, in einer Woche wieder ins Büro zu kommen, um seinen Auftrag zu beenden. Es gäbe natürlich noch die Möglichkeit, dass er einen einfacheren Job übernahm, der ihm das Arbeiten von zu Hause aus gestattete. Doch man sähe es lieber, wenn Mischki zum »normalen« Leben zurückkehrte.

Mischki kehrte mit gemischten Gefühlen zu seinem Auftrag zurück. Aber diesmal ging alles gut. Das Spiel wurde von der Presse mit großem Lob aufgenommen und verkaufte sich entsprechend. Man war sehr zufrieden mit Mischki, und bald sprach niemand mehr über sein »seltsames Verhalten« oder bedachte ihn mit seltsamen Seitenblicken.

Doch irgendetwas war anders geworden. Zuerst fiel es ihm selbst nicht so sehr auf. Mischki war nicht mehr so oft in den Clubs zu sehen, er hielt kaum noch Kontakt zu Freunden und den Müttern. Er schien sich von allem zurückzuziehen. Als Lytha sich einmal beklagte, seit Wochen nichts mehr von Mischki gehört zu haben, wurde er nachdenklich. Er verstand sich selbst nicht, warum das so war und hatte keine Erklärung für seine Mutter. An seiner überstandenen Krankheit lag es nicht, daran verschwendete er keinen Gedanken mehr.

Mischki konnte nicht in Worte fassen, was sich verändert hatte. Es kam ihm so vor, als sähe er die Welt nun mit anderen Augen. Er fühlte sich eigentlich nicht anders, war zufrieden und ausgeglichen wie früher. Trotzdem … *etwas* stimmte nicht. Das verwirrte ihn.

Und dazu fühlte er sich verfolgt. Vor zwei Tagen, als er in der Dunkelheit von der Arbeit nach Hause kam, hatte er beim Blick über die Straße zufällig einen Schatten an einer Mauer entlang huschen gesehen. Nur ganz kurz. Aber Mischki war sicher, dass er sich nicht getäuscht hatte. Denn er spürte körperlich, in einem eisigen Schauer, der ihm den Rücken hinunterlief und dabei die Nackenhärchen aufstellte, dass zwei Augen ihn aus der Dunkelheit heraus durchbohrend anstarrten. Ihn abschätzten.

Und das Schlimmste dabei war, dass Mischki das Gefühl hatte, diese Augen zu *kennen*.

3
2080

Am 12. Januar wurde Mischki zwanzig Jahre alt. Lytha und Cherrie richteten heimlich ein Fest für ihn aus, das Mischki sehr überraschte, als er pünktlich von der Arbeit nach Hause kam. Die ganze Wohnung war voller fröhlicher Leute, die mit ihm anstoßen wollten. Als die Stimmung immer ausgelassener und die Musik immer lauter wurde, nutzte Mischki die Gelegenheit, um sich in eine etwas ruhigere Ecke zu setzen und die Stirn mit den Fingern zu massieren.

Das blieb dennoch nicht unbemerkt. Seine beiden Mütter kamen an seine Seite und musterten ihn besorgt.

»Was ist mit dir, Sohn?«, fragte Lytha.

»Ich weiß nicht«, murmelte Mischki. »Ich fühle mich irgendwie … müde.«

»Du wirst doch nicht wieder krank?« Cherrie berührte seine Stirn. »Fieber hast du nicht.«

»Nein, das ist es nicht.« Mischki schüttelte den Kopf und stand auf. »Es ist so, eigentlich … fühle ich mich kerngesund und voller Tatendrang. Aber jedes Mal, wenn ich etwas unternehmen will, habe ich das Gefühl, als flösse alles aus mir heraus, alle Energie, und ich habe kaum mehr die Kraft, den Arm zu heben. Die letzten Tage im Büro habe ich nur unter größter Kraftanstrengung überstanden.«

»Warst du beim Arzt?«

»Ja. Mir fehlt nichts. Es ist auch nichts dazu gekommen, wie etwa ein neuer Tumor, falls ihr das annehmen solltet. Ich weiß nicht, was das ist. Es fing schon vor einigen Wochen an, doch jetzt verstärkt es sich. Wenn es so weitergeht, muss ich mich wieder krankmelden, obwohl ich mich so gut wie noch nie fühle – solange ich mich nicht zu viel bewege und nicht zu viel nachdenke.«

»Wir haben gemerkt, dass du dich verändert hast, aber keine Erklärung gefunden«, sagte Lytha. »So kann das nicht weitergehen, Mischki.«

»Ich weiß.« Mischki winkte ab und gab sich betont lässig. »Aber heute soll uns das nicht kümmern, immerhin habe ich Geburtstag. Das kriege ich schon in den Griff.«

*

Nachdem alle Gäste gegangen waren und der Stumme Diener die Wohnung aufräumte und saubermachte, ließ Mischki sich aufs Sofa fallen, schloss die Augen und rieb sich die Stirn.

»Alles Gute zum Geburtstag, Bruder«, sagte eine heisere Stimme.

Mischki fuhr hoch. Und starrte in sein Spiegelbild.

Dieselben strohblonden Haare, die tiefliegenden graublauen Augen, das kantige Gesicht. Ein Ohr ganz leicht abstehend. Für einen Moment war er völlig sprachlos und so verwirrt, dass er keinen klaren Gedanken fassen konnte. Instinktiv verkroch er sich in eine Ecke des Sofas.

Sein identisches Gegenüber grinste, während es sich langsam in einem Sessel niederließ. Mit abschätzendem Blick musterte es Mischki – mit genau *dem* Blick, der ihn schon seit Wochen verfolgte.

»Wer sind Sie?«, flüsterte Mischki.

»Der Totgeschwiegene«, antwortete der andere. »Der Namenlose.«

»Aber … Sie sehen genauso aus wie ich …«, hauchte Mischki. Er überlegte fieberhaft, wie er unbemerkt nach Hilfe rufen konnte. Doch jede Idee versiegte rasch, ohne dass er den Gedanken zu Ende führen konnte.

Der Namenlose griff nach Mischkis Glas, in dem noch ein Rest Martini schwappte, und trank ihn leer. »Natürlich sehe ich so aus wie du, denn ich *bin* du.«

»Dann … träume ich? Oder bin ich in einem Spiel gefangen?«

»Ich kann dir versichern, Bruder, du bist in der Realität, quicklebendig und geistig völlig normal. Was du hier vor dir siehst, ist die Wahrheit. Die jedem Menschen, der so leben darf wie du, vorenthalten wird. Es ist an der Zeit, dass du es erfährst.«

Mischki hatte aber keinerlei Interesse daran. Die Situation erschien ihm zu abstrus, und er spürte, dass der andere *gefährlich* war. Er empfand Angst und den Wunsch, so schnell wie möglich von hier wegzukommen.

Als der Namenlose aufstand, um sich einen neuen Martini zu holen, sprang Mischki auf und wollte zur Tür rennen. Aber er kam gerade bis zum Ende des Sofas. Dann war der Namenlose schon bei ihm, mit unheimlicher Geschwindigkeit, und drückte ihn sanft, aber bestimmt in die weichen Polster zurück. Gleichzeitig spürte Mischki, wie alle Energie aus ihm wich und ihn erneut die unerträgliche Müdigkeit überfiel. War es das Leben, das aus ihm herausfloss? Er blickte hilflos zu seinem identischen Doppelgänger auf, so schwach, dass er nicht einmal mehr den Arm heben konnte. Seine Augenlider flatterten.

»Sei kein Narr«, sagte der Namenlose. »Mit mir kannst du es nicht aufnehmen. Willst du wirklich nicht wissen, weshalb? Und wer ich bin?«

Mischki schluckte hörbar. »Was hast du mit mir vor?«

»Hab keine Angst. Sie sind hinter mir her, nicht hinter dir. Wenn sie wüssten, dass ich dich gefunden habe, würden sie das ganze Gebäude in Schutt und Asche legen, nur um das Geheimnis zu bewahren. Ahnst du, worum es geht?«

Der Namenlose zündete sich eine Zigarette an und nahm einen tiefen Zug. »Wie herrlich, dass manches Laster die Jahrhunderte überdauert ...«, seufzte er zufrieden. Dann hielt er Mischkis Blick fest. »Die Mirfrid-Konstante ist der Auslöser, Bruder. Die Harmonie des positiven Friedens.«

»Du weißt, wie sie funktioniert?« Schlagartig spürte Mischki, wie Energie in ihn zurückkehrte. Der Namenlose lehnte entspannt im Sessel, die Zigarette in der einen, den Martini in der anderen Hand.

Mischki setzte sich auf. »Die gesamte biomedizinische Wissenschaft wird uns vorenthalten. Ich weiß bis heute nicht, wie der Tumor entstand, und was sie mit mir anstellten. Sie bläuen uns am ersten Schultag die Konstante ein, ohne sie je zu erklären. Und du willst darüber Bescheid wissen?«

Der Namenlose nickte. »Jeder Mensch, der geboren wird, kommt ohne sein Wissen zweimal auf die Welt. Erstes Gesetz der Mirfrid-Konstante ist die programmierte Geburt. Denn nur so kann man die Kontrolle erhalten. Ohne Wissen der Eltern wird bereits zu Beginn der Schwangerschaft eine Manipulation durchgeführt und der Embryo in einem frühen Furchungsstadium völlig durchgeschnürt, so dass eineiige Zwillinge heranwachsen – Original und natürlicher Klon, sozusagen. Natürlich sind alle Scanner und Ultraschall-Geräte manipuliert, die den zweiten Fötus anzeigen würden, und wer behauptet, zwei Herzschläge zu spüren, wird ruhiggestellt.

Bei der Geburt werden die Zwillinge dann sofort getrennt – einer hat die Karte für den Himmel, der andere die Arschkarte. Die Auswahlkriterien dafür sind ganz einfach: Der Zweitgeborene hat Pech gehabt.«

Mischki wischte sich über die Stirn, auf der kalter Schweiß stand. Er fühlte, wie sich sein Magen zusammenkrampfte. »Was ... wovon redest du da?«

»Der Professor hat einen Biochip entwickelt, der mit den Jahrzehnten immer raffinierter wurde, mein begünstigter älterer Bruder. Dieser wird sofort nach der Geburt in das Gehirn implantiert und gepolt. Kurz gesagt: Bei dir sorgt Serotonin als Neurotransmitter dafür, dass jede Aggression über dem normalen Level sofort umgewandelt und die Ausschüttung von Neuropeptiden wie Endorphinen angeregt wird. Das bedeutet, jede Aggressionshaltung wird sofort umgewandelt in Hochstimmung und Glücksgefühl. Die überschüssige Energie wird abgeleitet – und nun komme ich ins Spiel.«

»Du bist verrückt«, stieß Mischki hervor. »Das funktioniert doch überhaupt nicht!«

Der Namenlose lachte verdrossen. »Und ob, Bruderherz. Aber das wusste ich natürlich bis vor kurzem auch nicht. Ich lebe fernab der normalen Welt, eingesperrt in einem Bunker, zusammen mit vielen weiteren Zweitgeborenen. Es gibt Tausende solcher Bunker, in denen wir wie in einer Art künstlichem Koma gehalten werden, ohne je zu erfahren, wie die Welt wirklich aussieht, und wer wir sind.

Wir dienen als *Emotio-Transponder*. Was bedeutet: Für dein Wohlergehen muss ich leiden. Wo du nur Glück kennst, kenne ich nur Schmerz. Du bist der Pluspol, ich der Minuspol. Das natürliche Gleichgewicht bleibt erhalten. Und dazu liefere ich noch jede Menge schöne Energie. Wofür, möchtest du nicht wissen.«

»Das … das kann doch nicht sein«, stöhnte Mischki, und der Klumpen in seinem Magen drängte nach oben. »Das ist – menschenverachtend!«

»Es funktioniert eben nur so, mit zwei identischen Gehirnen. Ich glaube, sie haben am Anfang die Übertragung an Tiere versucht, aber das klappte nicht. Also musste eben der Mensch selbst herhalten, und da wir als Klone bezeichnet werden, denkt von den Herren und Damen Wissenschaftlern niemand weiter über die Moral und Ethik nach. Sie halten uns nicht für Menschen, sondern künstlich erzeugte Wesen. Und sie glauben, dass wir einer großen, einzigartigen Sache dienen, für die es wert ist, Opfer zu bringen.«

»Aber wie bist du rausgekommen?«, fragte Mischki.

Sein Zwillingsbruder grinste und tippte sich an die Stirn. »Der Tumor, erinnerst du dich? Die Justierung des Chips stimmte nicht mehr. Außerdem hat der Tumor mein Gehirn verändert. Ich erlangte mein *Bewusstsein*, ich erfuhr alle deine Empfindungen, ja ein Abbild deiner Erinnerungen. Natürlich habe ich auch dieselben Talente wie du, also hackte ich mich erfolgreich ins Intranetz meines Gefängnisses. Ich erfuhr alles. Bis sie dahinter kamen, war ich längst draußen.«

Mischki betrachtete sein Gegenüber jetzt mit anderen Augen. Entsetzen, Kummer und Mitleid brachten sein Herz zum Rasen. »Hast du ihn noch?«, fragte er leise. »Den Tumor?«

»Natürlich«, antwortete der Bruder. »Die Zeit zur Operation habe ich ihnen nicht gelassen. Ich liebe den Tumor wie mein eigenes Kind. Ich sehe nun die Dinge ganz anders, viel klarer und deutlicher. Und ich bin *frei*. Von allen Beeinflussungen, und das hier draußen, in der realen Welt.«

»Warum hast du dich nicht gleich abgesetzt?«

»Ganz einfach. Wir sind Zwillinge, Mischki. Es zog mich unwiderstehlich zu dir hin. Das Band zwischen uns kann man nicht einfach abstreifen. Ich wollte dir die Wahrheit sagen, denn wie ich schon am Anfang sagte: Ich bin du, und du bist ich.«

Aber das war nur die halbe Wahrheit.

Mischki spürte plötzlich etwas Bedrohliches in seinen Gedanken und wusste, dass dieser dunkle Schatten nicht aus ihm selbst kam. Er sah ein schemenhaftes Abbild des Tumors vor sich, der in dem Stirnlappen seines Bruders saß und seine Fähigkeiten steigerte. Auch die des Chips.

»Stimmt«, sagte der Namenlose und zeigte die Zähne. »Genau deshalb fühlst du dich so schlapp. Das ist der Fall, seit ich in deiner unmittelbaren Nähe bin. Ich zapfe dich an, ich nehme mir dein Leben und behalte die Energie. Ich will zurück, was mir gestohlen wurde … und noch mehr.«

Mischki wusste, dass er keine Wahl hatte – jetzt oder nie. Mit einem gewaltigen Satz sprang er vom Sofa auf und warf sich auf seinen Bruder.

4
13. Januar

Als Mischki wieder zu sich kam, fühlte er sich warm und behütet. Fast wie im … Mutterleib. Seltsam, dass er jetzt darauf kam. Aber er fühlte sich irgendwie genau so leicht und schwebend, gehalten von einem hauchfeinen Netz.

Es ist alles gut, dachte Mischki. *Sie sind rechtzeitig eingetroffen. Vielleicht wurde ich schwer verletzt, ich weiß noch, da war ein Schmerz, ein weißer Blitz vor tiefer Dunkelheit …*

Mischki öffnete die Augen und erblickte das liebliche Gesicht einer Frau. Es sah seiner ehemaligen Lehrerin Kireetha verblüffend ähnlich. Sie war ganz in Weiß gekleidet, wie ein Engel, und lächelte ihn aufmunternd an.

»Wie fühlen Sie sich?«

»Wunderbar …«, seufzte Mischki.

»Das ist gut. Es war nicht einfach, Sie am Leben zu erhalten. Aber Sie sind uns sehr wichtig. Das wissen Sie doch, nicht wahr?«

»Ja …«, murmelte Mischki verträumt.

»Dann werden Sie diesmal mitarbeiten?«

»Aber ich habe doch immer alles für die Firma getan …«

Ein Mann kam in Mischkis Blickfeld, mit sorgengefurchtem Gesicht und struppigen grauen Augenbrauen. »Er simuliert wieder.«

Die Frau nickte. »Ja. Aber diesmal werden wir uns nicht täuschen lassen.«

Angst kroch eiskalt Mischkis Beine hinauf, durch seinen Bauch, und griff nach seinem Herz. In seinen Ohren rauschte es.

Er begriff.

»Aber ich bin Mischki!«, stieß er hervor. »Ich bin nicht mein Bruder! Sie haben den Falschen erwischt!«

»Ist ja alles gut.« Die Frau beugte sich über Mischki und streichelte seine Wange.

Er wollte sich wehren, aber er konnte sich nicht bewegen. Selbst der Kopf war fixiert.

»Aber ich meine es ernst!«, sagte er verzweifelt. »Er kam bei mir vorbei, um mir mein Leben zu nehmen, um sich zu rächen! Sehen Sie in meinem Kopf nach, ich habe keinen Tumor, er wurde mir entfernt!«

»Mein armer Freund«, sagte die Frau traurig. »Immer noch diese schrecklichen Träume … aber das wird bald besser, das verspreche ich Ihnen. Wir kümmern uns um Sie. Schlafen Sie jetzt ein wenig, ich komme bald wieder.«

»Gehen Sie nicht!«, schrie Mischki. »Bitte, Sie müssen mir glauben, ich habe seine Gedanken in mir! Er hat schreckliche Dinge vor! Er will allen negativen Trieben nachgeben, ohne dass es jemand verhindern kann! Ich habe gesehen, wie er sich einen *Mord* vorstellte! Er sagte mir, das wäre sein Vergnügen, sein Frieden, seine Freude, und ich würde ihm die unerschöpfliche Energie dazu liefern, weil der Chip …«

Mischki spürte, wie er schwach wurde, wie ihn das vertraute Gefühl überkam, das Leben flösse aus ihm heraus. »Er tut es gerade jetzt«, flüsterte er mit letzter Kraft, dann verlor er das Bewusstsein.

*

»Was für ein Glück, Mischki, dass es dir jetzt wieder gut geht!«, strahlten Lytha und Cherrie im Duett. »Wir haben uns gestern die größten Sorgen um dich gemacht!«

»Ich denke, das war nur eine Krise wegen meines Geburtstags«, antwortete Mischki und grinste jungenhaft. »Immerhin fängt jetzt ein ganz neuer Lebensabschnitt für mich an. Ich werde bald Juniorpartner in meiner Abteilung mit ganz neuen Privilegien. Ich werde mir sogar einen Trip zum Mars leisten können!«

»Das klingt, als hättest du jede Menge Pläne!«, meinte Lytha.

»Oh ja, ich werde sehr viel Spaß haben. Meine Spur wird sich überall finden, und keiner wird mich vergessen.« Mischki ging zur Bar und mixte drei Martinis.

»Was für ein seltsames Lächeln, das habe ich noch nie bei dir gesehen«, bemerkte Cherrie. »Du bist ganz anders, Mischki!«

»Ich fühle mich wie neugeboren«, antwortete Mischki, und sein Lächeln wurde noch breiter. Seine Augen verengten sich und fingen voll froher Erwartung zu funkeln an, als er die drei Gläser auf ein Tablett stellte und ein riesiges, sehr scharf aussehendes Messer dazu legte. »Das wird ein Vergnügen …«, schnurrte er mit veränderter Stimme, auf die die beiden Frauen mit leicht verunsichertem Lachen reagierten.

Kurz bevor Mischki sich umdrehte, spürte er ein sanftes *Klick* in seinem Kopf.

Wärme und Wohlbehagen überfluteten ihn, und ein so starkes Glücksgefühl, dass er beinahe das Tablett fallen gelassen hätte, weil er das Bedürfnis hatte, die Arme hochzureißen und laut zu jubeln. Aber er setzte es rechtzeitig ab, starrte für einen Moment das Messer verwundert an, bevor er es behutsam an seinen ursprünglichen Platz zurücklegte.

Strahlend trug Mischki das Tablett zu seinen Müttern. »Es ist doch ein wundervolles Leben, findet ihr nicht?«

Hans-Jochen Dellbruck fühlte sich einsam. Und unzufrieden. Aber er würde sich hüten, diese Gefühle irgend jemandem mitzuteilen. Es war nicht so, dass sie nicht erlaubt waren - es gab sie nur nicht mehr. Sie waren abgeschafft worden.

Deshalb wunderte sich Hans-Jochen darüber, wieso er dann überhaupt solche Gefühle zustandebrachte, wenn sie doch abgeschafft waren. War vielleicht sein Chip nicht in Ordnung? Er hielt das zwar für ziemlich unmöglich, aber es wäre eine Erklärung. Andererseits hatte er von der Großen Mutter keine Aufforderung bekommen, sich umgehend in der Klinik zu melden.

Vielleicht sollte er das von sich aus tun … doch wäre das richtig? Hans-Jochen Dellbruck wollte niemanden verärgern; allein bei dem Gedanken daran wurde ihm schon übel. Wenn er tatsächlich von sich aus etwas unternähme, fügte er einem anderen dadurch vielleicht Schaden zu, und das wiederum ließ sich nicht mit den Statuten der friedlichen Koexistenz vereinbaren.

Hans-Jochen hielt sich die Hand vor den Mund und versuchte, seinen revoltierenden Magen zu beruhigen. Dann rannte er ins Bad und übergab sich. *Ich darf nicht solche Sachen denken*, rief er sich entsetzt zur Ordnung.

»Ich registriere eine Störung deiner vegetativen Funktionen, einen beschleunigten Puls und einen steigenden Blutdruck«, erscholl die sanfte Stimme der Großen Mutter. »Benötigst du medizinische Hilfe?«

»Nein, nein, es geht schon«, stieß Hans-Jochen ächzend hervor. »Ich habe wohl etwas Falsches gegessen.«

»Das identifiziere ich als Lüge, auch ohne deinen Adrenalinwert zu überprüfen«, erwiderte die Große Mutter. »Es gibt nichts *Falsches* zu essen mehr. Dein Ernährungsplan wird an jedem Tag auf deine persönlichen Bedürfnisse abgestimmt und sorgt für dein Wohlbefinden, Ausgeglichenheit und ein langes Leben. Die dafür verwendeten hochwertigen Lebensmittel stammen ausschließlich aus biologischem Anbau und kommen täglich frisch auf den Tisch.«

»Ja, schon gut, Große Mutter.« Das Schlimmste waren die Werbesprüche; als ob das noch nötig wäre! Es gab schließlich nichts anderes außer gesunden Sachen. Man konnte nicht mal heimlich sündigen, egal ob Alkohol oder Schokolade – diese Dinge waren abgeschafft. Und wenn man sich zu intensiv danach sehnte, wurde einem so entsetzlich übel, dass man jeden Gedanken daran bereute.

»Weshalb belügst du mich dann?«

»Das war keine Lüge, nur einfach so dahingesagt. Es geht mir wieder gut.«

»Ja, das erkenne ich. Aber ich bin über diese Unregelmäßigkeit besorgt. Ich möchte dir helfen.«

»Mutter, ich habe nur gekotzt. Das war alles. So etwas kommt schon mal vor, selbst wenn man gesund ist.«

Hans-Jochen wunderte sich. Anscheinend konnte die Große Mutter nicht feststellen, dass die Hypnokonditionierung eingegriffen hatte, weil er schädliche Gedanken gehabt hatte. Aber er wies die Unfehlbare nicht darauf hin. Das war nicht seine Angelegenheit – sie hatte für ihn zu sorgen, nicht umgekehrt. Anscheinend hatte sein Chip wirklich einen Schaden. Das Perfekte defekt?

Aber er sah noch keinen Grund zur Beunruhigung, die Konditionierung funktionierte schließlich. Hans-Jochen würde sicher keine Gefahr für andere werden. Und die gelegentlichen merkwürdigen Gefühle zwischendurch konnte er schon ertragen, reine Gewöhnungssache.

»Dein Training beginnt in einer halben Stunde«, meldete sich die Große Mutter erneut. »Du solltest dich besser auf den Weg machen, Hans-Jochen, damit du dich nicht abhetzt und vorzeitig erschöpft bist.«

Hans-Jochen gehorchte. Er zog die Trainingsklamotten an, holte das Fahrrad und fuhr los.

»Du bist zu schnell«, mahnte die Große Mutter. »Dein Puls ist bereits auf einhundert. Du bist noch nicht im Training.«

»In Ordnung.« Hans-Jochen reduzierte das Tempo. Die Große Mutter hatte natürlich Recht; auf diese Weise konnte er die Landschaft viel besser genießen. Es war ein milder, sonniger Maitag. Die Bäume zeigten sich im frischgrünen Frühlingsgewand, die Wiesen waren mit einer üppigen Blumendecke überzogen. Kaninchen und Rehe suchten am helllichten Tag eifrig nach Nahrung, umschwirrt von Fliegen, die wiederum von Schwalben gejagt wurden. Vogelgezwitscher begleitete Hans-Jochen während der ganzen Fahrt, und er summte fröhlich eine Melodie, die er in der Mobilbahn aufgeschnappt hatte.

»Jetzt wirst du zu langsam«, mahnte die Große Mutter. »Du solltest dich nicht verspäten.«

»Wäre das schlimm?«, gab Hans-Jochen zurück. »Es ist so schön hier. Es ist doch sicher kein Drama, wenn ich mal eine Trainingsstunde ausfallen lasse, oder?«

»Natürlich nicht«, antwortete die Große Mutter. »Aber mit den kleinen Sachen fängt es an. Und du als Geschichtslehrer solltest wissen, wohin das letztendlich führt. In Chaos und Anarchie, und die Welt würde untergehen.«

»Ach, na ja, wenn ich nur einmal …«, murmelte Hans-Jochen widerspenstig.

»Und wenn Tausend so denken würden wie du?«

»Ich sehe im Moment niemanden.«

»Sei nicht so spitzfindig. Du weißt, dass ich Recht habe, Hans-Jochen. Alles Gute hat nun mal seinen Preis. *Jeder* muss seinen Beitrag leisten, an *jedem* Tag des Jahres. Dafür erhältst du alles, was du brauchst, hast Schutz und Sicherheit, musst dich vor nichts fürchten und dich um nichts sorgen«, wies die Große Mutter ihn mit fürsorglicher, etwas trauriger Stimme zurecht. »Du führst ein langes, gesundes, friedliches und daraus resultierend glückliches Leben.«

Hans-Jochen fühlte sich ein wenig schuldig, daraufhin rührte sich gleich wieder sein Magen. »Ist schon gut, war vielleicht ein … äh … *rebellischer* Gedanke.« Hans-Jochen war im ersten Drittel des einundzwanzigsten Jahrhunderts geboren und erinnerte sich noch an solche beinahe vergessenen Worte, wenn er auch nicht mehr recht wusste, was sie zu bedeuten hatten.

»Du bist doch kein Rebell, Hans-Jochen«, besänftigte die Große Mutter. »An so einem schönen Tag fällt es schwer, den gewohnten Ablauf beizubehalten, das verstehe ich. Aber du kannst dich nach dem Training noch amüsieren. Dein Körper wird es dir danken, wenn du solange warten kannst.«

*

Als er im Sportzentrum ankam, vergaß Hans-Jochen seine *rebellischen* Gedanken sofort wieder. Katja traf gerade ein, und sie lächelte ihm zu. Hans-Jochen strahlte. Katja war um fast einen Kopf größer als er und wunderschön; kein Wunder, sie war Tänzerin an der Staatsoper. Er schwärmte für sie, solange er zurückdenken konnte.

»Hallo, Hans-Jochen«, begrüßte sie ihn. »Haben wir gemeinsam Stunde?«

»Ja, heute ist Mittwoch«, antwortete er.

»Der Tag ist viel zu schön, um ihn so zu verbringen«, seufzte Katja mit einem Blick zum Himmel. »Ich könnte die ganze Welt umarmen!«

»Nichts dagegen, wenn du im Kleinen anfängst«, meinte er grinsend und breitete die Arme aus.

»Du hast immer einen Scherz auf Lager«, neckte sie ihn und stieß ihn leicht in die Seite.

»Frieden, Bruder, Schwester«, begrüßte sie der Rezeptionist. Im Stile der Wohlbefindlichkeitsstufe war er wie ein Hippie der 70er Jahre des vergangenen Jahrhunderts gekleidet, mit bunten Schlabberklamotten, Jesus-Latschen, wild wuchernden Haaren, die von einem breiten Stirnband zusammengehalten wurden, behängt mit Ketten und Anhängern aus mythischen Zeichen und Mantras. Seine Kollegin hatte sich Blumen ins wallende Haar gesteckt und trug ein Flatterkleidchen, das unter den vielen klingenden Ketten kaum zu sehen war. Beide strahlten Hans-Jochen und Katja glückselig an, mit halbgeschlossenen Augenlidern. Ihre Bewegungen waren deutlich verlangsamt, aber schwebend.

»Frieden«, grüßten die beiden zurück. Sie erhielten ihre Garderobenmarken.

Es war nicht immer leicht, den inneren Schweinehund zu überwinden, aber wenn man dann mal im Training war, machte es Spaß und tat gut.

Doch heute kam bei Hans-Jochen einfach kein Glücksgefühl auf. Er dachte viel zu oft an das herrliche Wetter draußen. An die wachsende Sehnsucht, barfuß übers Gras zu laufen. Was natürlich abgeschafft worden war; es war besser für die Natur, ohne den Menschen auszukommen. Es war unmöglich, unbemerkt die Wege zu verlassen, wenn sie nicht ohnehin durch Draht oder Scheiben begrenzt waren. Aber manchmal war die Sehnsucht fast übermächtig, einmal wieder *echte* Natur zu fühlen, keine künstlich geschaffene in den überdachten Erholungsparks.

»Das ist der Frühling«, erklang eine Stimme neben ihm.

»Was?«

»Du bist unkonzentriert«, sagte Katja. »Ich weiß, woran das liegt, mir geht es genauso. Aber wir sollten zuerst unser Programm absolvieren.«

Hans-Jochen gab seufzend nach, legte sich auf den Rücken und führte halbherzig Streckübungen durch. Seinem Körper schadete es bestimmt nicht, wenn er einmal ein bisschen nachlässiger war. Er war kerngesund, was kein Wunder war. Er drehte den Kopf zur Seite und betrachtete Katja bei ihren Übungen. Ihr Körper war unglaublich geschmeidig und anmutig, und der Wunsch, sie zu berühren, wurde fast übermächtig. Irgendwann musste er es ihr sagen.

»Wo wirst du deinen Urlaub dieses Jahr verbringen?«, fragte Katja zwischen zwei Dehnübungen.

»Ich habe die Genehmigung für einen Flug«, antwortete Hans-Jochen, »die vier Jahre sind um.«

»Toll! Wohin fliegst du?«

»Ich soll eine Kulturreise in ein asiatisches Land machen, genaueres erfahre ich noch.«

»Oh, wie ich dich beneide! Bei mir ist es leider erst in zwei Jahren soweit.«

Dann brauchte er sie schon mal nicht zu fragen, ob sie mit ihm fliegen würde. Genauso wenig durfte er den Flugurlaub um zwei Jahre verschieben. Von diesen Regelungen gab es keine Ausnahmen, außer wenn sie heirateten. Hans-Jochen errötete bei dem Gedanken daran.

»Hans-Jochen, wo guckst du denn hin?« Katja kicherte, schloss die Beine und drehte sich auf den Bauch. »Also, ich werde entweder nach Frankreich oder nach Italien fahren. Sie haben jetzt sehr schön ausgebaute Radwege und Unterkünfte, da brauche ich die Mobilbahn nicht. Ich möchte die Natur so richtig genießen.«

»Na ja, so weit es geht. In Italien und Frankreich darfst du die Wege auch nicht verlassen«, wandte Hans-Jochen ein.

»Dann fahre ich eben nach Norden. Ich habe gehört, dass es in Norwegen noch ein paar Landstriche gibt, wo man einfach so hindarf«, erwiderte sie. »Mit Schotterwegen und all so was.«

»Ist dir das nicht zu einsam?«, rutschte es ihm heraus.

Katja stand auf und hüpfte mit schlenkernden Armen auf der Stelle. »Was meinst du damit?«, fragte sie hilflos lächelnd.

»K-keine Ahnung«, stotterte er. »Ich mache für heute Schluss, du auch?«

Sie nickte. »Ja, es reicht, ich möchte gern noch den schönen Tag draußen genießen.«

An der Rezeption warteten die Wohlbefindlichkeitsfürsorger bereits auf sie. »Nun, habt ihr euch eine Belohnung verdient?«, fragten sie mit strahlendem Lächeln unisono.

»Und ob«, bestätigte Hans-Jochen, und Katja nickte. Sie bekamen beide ein kleines Päckchen ausgehändigt.

»Ihr wisst ja, ein kleiner Hauch Tetrahydrocannabinol nach dem Sport tut sehr gut und entspannt euch. Ansonsten verwendet ihr es nach den Ratschlägen der Großen Mutter.«

Hans-Jochen hing dieser Spruch zum Halse heraus, denn es war immer derselbe. Aber die beiden waren ständig so zugekifft, dass sie ohnehin nur noch wie Roboter agierten. Manchmal wunderte er sich schon über die differenzierte Fürsorglichkeit der Großen Mutter.

Während er zu seinem Fahrrad ging, erlebte Hans-Jochen eine Überraschung. Katja kam noch einmal zu ihm und fragte: »Sag mal, wollen wir am Wochenende zusammen in den Park? Wir könnten es uns doch gemeinsam richtig gut gehen lassen, denkst du nicht?«

Hans-Jochen war so verblüfft, dass er sie sprachlos anstarrte. Seit Jahren träumte er von diesem Moment! »Aber ja … gern«, stieß er schließlich hervor. »Soll ich dich abholen?«

»Nicht nötig, wir treffen uns am Hauptbahnhof.« Gleich darauf war sie verschwunden.

*

Hans-Jochen sang auf dem ganzen Heimweg.

»Du wirkst sehr positiv«, stellte die Große Mutter bei ihm zu Hause fest.

»Ja, Große Mutter ... Katja will das Wochenende mit mir verbringen! Ist das nicht fantastisch?«

»Ihr seid kompatibel, und Katja ist im besten Alter. Das ist nicht ungewöhnlich.«

»Kompatibel ... meine Güte, Große Mutter, ich *liebe* sie! Und sie war die ganzen Jahre über zwar immer nett zu mir, aber distanziert. Ich hätte nie gedacht, dass sie mal etwas gemeinsam mit mir unternehmen will ... hätte mich nie getraut, sie diesbezüglich anzusprechen! Vielleicht hätte ich das früher tun sollen ...«

»Das hätte keinen Sinn gehabt. Jetzt erst ist der richtige Moment gekommen.«

Hans-Jochen stutzte. »Das habe ich nicht verstanden, Mutter.«

»Aber Hans-Jochen, das ist doch ganz einfach. Damit du eine glückliche Familie gründen kannst, muss ich dir deine Partnerin sehr sorgfältig auswählen. Du hast auf Katja von Anfang an am besten reagiert. Nun muss sie nur noch richtig auf dich eingestellt werden.«

Hans-Jochen setzte sich. »Das ist nicht dein Ernst«, sagte er ernüchtert.

»Hans-Jochen, ich bin deine Große Mutter. Ich kenne dich besser als deine leibliche Mutter. Jeden von euch kenne ich von Anfang an und weiß, welche Neigungen und Träume er haben wird. Ich helfe dir dabei, dies alles zu verwirklichen, ist das wirklich so schwer zu verstehen? Katja war sich die ganzen Jahre über unschlüssig, was sie wirklich will; doch nun sieht sie dich mit anderen Augen. Da du sie auch willst, ist doch nichts dabei, wenn ich euch helfe? Das ist schließlich meine Aufgabe«, hallte die sanfte, liebevolle Stimme durch den Raum.

»Aber ... aber sie soll selbst entscheiden ...«, flüsterte Hans-Jochen. »So wie ich das will ...«

»Das tust du doch«, erwiderte die Große Mutter. »Wenn du dich mehr zu einem Mann hingezogen gefühlt hättest, so hätte ich dir dabei geholfen, den richtigen Lebenspartner zu finden. Und wenn du lieber in einer Kommune gelebt hättest, so hätte ich auch das arrangiert. Das ist doch der Sinn dieser Welt: alle Menschen glücklich zu machen. Und du willst gewiss nicht sagen, dass du unglücklich bist, nicht wahr?«

»Ich weiß gar nicht, was das ist«, sagte Hans-Jochen kläglich.

»Natürlich nicht, Dummchen, denn dieses Gefühl haben wir abgeschafft. Du brauchst es nicht mehr. Die Menschheit hat die nächste Stufe der Evolutionsleiter erklommen.«

*

In dieser Nacht schlief Hans-Jochen sehr unruhig. Die Große Mutter forderte ihn während einer Wachphase auf, Baldrian zu nehmen, damit er am nächsten Tag ausgeruht in die Schule könne.

Doch es war nicht mehr zu ändern. Als Hans-Jochen am Morgen aufstand, fühlte er sich leer. Als hätte er eine große Lücke tief in sich drin, ein Loch, in das alles Gute, was man ihm gab, hineinfiel, ohne sein Ziel zu erreichen.

*

Einige Zeit hatte man geglaubt, ganz ohne Schulen und vor allem Lehrer auskommen zu können. Doch das hatte zu Verhaltens- und Entwicklungsstörungen bei den Schülern geführt, daher gingen sie wieder in die Schule, wobei jede Jahrgangsstufe nur eine einzige große Klasse hatte. Der Unterricht wurde von den Cybermodulen durchgeführt, Prüfungen am Bildschirm geschrieben, mit gleichzeitiger Auswertung. Die Lehrer hatten die Funktion, Fragen zu beantworten, Referate zu halten und im übrigen einfach anwesend zu sein.

Ansonsten sorgte die Große Mutter für alle. Ständig allgegenwärtig kümmerte sie sich um die Gesundheit und das Wohlbefinden der Menschen. Die Chips wurden nach der Geburt implantiert. Die Hypnoschulungen begannen mit drei Monaten. Hierarchien waren überflüssig, allen Menschen ging es gleichermaßen gut, und wer etwas brauchte, bat die Große Mutter um Erledigung. Das Wichtigste: Kein Mensch durfte einem lebenden Wesen Schaden zufügen. Kriege, Aggressionen, Streitigkeiten waren abgeschafft. Wer doch einmal niederträchtige Gedanken hatte, wurde so von Übelkeit und Ekel vor sich selbst gequält, dass er sich zukünftig davor hütete. Es bestand aber auch keine Notwendigkeit mehr, wütend oder neidisch auf einen anderen zu sein, denn niemandem mangelte es mehr an etwas. Suchtmittel waren abgeschafft, mit Ausnahme des Tetrahydrocannabinols, in geringen Maßen genossen, weil es sehr entspannte und friedlich machte. Die Große Mutter überwachte vom ersten Atemzug an ihre Schützlinge.

In dieser Welt gab es nichts Schlechtes. Kein Kind wurde mehr geschlagen, niemand mehr ausgebeutet oder ausgenutzt; das gesamte Leben war geregelt und mit Schönheit gestaltet.

Warum fühle ich mich dann so leer, dachte Hans-Jochen, während er seine Schüler beobachtete. *Irgend etwas stimmt doch nicht mit mir.*

Aber die Große Mutter merkte es nicht.

*

Mit der Mobilbahn fuhren sie am Wochenende in den Center Park Zone Blau. Hans-Jochen und Katja waren übereingekommen, dass sie ein faules Wochenende verbringen wollten, am Sandstrand herumliegen, unschädliches künstliches UV-Licht genießen, ein paar Fruchtdrinks zu sich nehmen und ein paar Gramm Wohlfühlaktivator rauchen.

Obwohl das ihre erste Verabredung war, unterhielten sie sich wie gute alte Freunde. Vor allem ging es um die Arbeit, die den Hauptbestandteil ihres Lebens ausmachte. Menschen brauchten Beschäftigung.

»Wolltest du je etwas anderes als Tänzerin werden?«, fragte Hans-Jochen.

Katja schüttelte den Kopf. »Nein, nie.«

»Ich wollte immer Geschichtslehrer werden.«

»Das ist das Wundervolle an diesem System: Man kann den Beruf ergreifen, den man will. Ich verstehe gar nicht, wie die Leute früher anders leben konnten.« Katja legte sich bequem auf den Rücken und nahm die Bikiniträger ab. Ihre makellose Haut nahm schon den ersten zartbraunen Schimmer an. Hans-Jochen merkte, wie sein Hals trocken wurde, als er sie durch die dunkle Sonnenbrille betrachtete, und in seinem Lendenbereich breitete sich eine prickelnde Wärme aus. Ohne Zweifel war sie seine Traumfrau und vereinte alles in sich, was er sich immer erträumt und ersehnt hatte. Mit Sex hatte er bisher nicht viel am Hut gehabt, obwohl er bereits auf die dreißig zuging. Keine Zeit, keine Lust, nichts hatte ihn so recht angesprochen.

Doch nun, auf einmal, wurde ihm sehr deutlich bewusst, dass er nicht nur deshalb ein Mann war, weil er ein Y-Chromosom besaß. Aus dem Kribbeln war ein Ziehen geworden, und er spürte, wie da gewaltig etwas am Schwellen war. Das Blut versorgte jetzt nicht mehr primär sein Gehirn und legte damit die meisten Denkfunktionen lahm.

»Möchtest du eine dampfen?«, hallte Katjas Stimme durch die Leere in seinem Kopf. Sie tastete mit geschlossenen Augen nach der Holzröhre.

»Nein«, antwortete Hans-Jochen mit rauer Stimme. »Eigentlich nicht.«

Der seltsame Tonfall weckte ihre Aufmerksamkeit. Sie setzte sich auf und betrachtete ihn prüfend. »Was hast du denn?«

»Du … du bist wunderschön, Katja«, stammelte er. Wenigstens würde er diesmal nicht erröten. Dafür reichte das Blut nicht mehr aus. Es hatte sich in der Körpermitte angesammelt und staute sich zusehends auf. Er drehte sich auf die Seite, legte ein Bein darüber, um sich nicht zu verraten.

Katja lachte geschmeichelt. »Weißt du, Hans-Jochen, irgendwie habe ich dich falsch eingeschätzt. Ich dachte immer, du wärst nicht interessiert.«

»Katja, ich liebe dich schon mein halbes Leben«, flüsterte er heiser. »Seit ich dich das erste Mal im Training sah.« Er legte eine Hand auf ihren Bauch und beugte sich über sie. Die Hormone übernahmen jetzt die Steuerung und ließen ihn seine Schüchternheit vergessen. Er küsste Katja mit einer Leidenschaft, die ihn selbst überraschte.

Nicht minder Katja, die ihm mit halb verschleiertem Blick in die Augen starrte. »Oh, Hans-Jochen«, flüsterte sie. »Was geschieht da mit uns …« Dann schlang sie die Arme um ihn, zog ihn auf sich, und dieser zweite Kuss war keineswegs mehr jugendfrei.

Irgendwann mussten sie voneinander ablassen, um nach Luft zu schnappen. In wilder, stummer Gier starrten sie sich an. Dann rafften sie wortlos ihre Sachen zusammen und marschierten zur Hotelrezeption.

»Frieden, Bruder, Schwester«, begrüßte sie die Rezeptionistin mit strahlendem Lächeln. »Ein Doppelzimmer für eine Nacht?«

»Frieden«, sagte Hans-Jochen mühsam beherrscht. »Ja, bitte.«

Er drückte den Daumen auf das ID-Glas und erhielt die Freigabe für das Zimmer.

»Nummer 3096, das ist im einunddreißigsten Stockwerk gleich rechts«, flötete die Rezeptionistin.

Das junge Paar stieg stumm in den Lift ein; jeder bemühte sich, woandershin zu sehen.

Doch kaum betraten sie das Zimmer, fielen sie wie hungrige Wölfe übereinander her, fetzten sich die Kleider vom Leib und stürzten in kämpfender Umarmung ins Bett. Zeit für ein Vorspiel blieb da nicht mehr; das folgte erst später … und noch viel später …

*

Nach drei Wochen entschlossen sie sich zu heiraten. Beiden war klar, dass sie die einzig wahre und große Liebe gefunden hatten, eine Familie gründen und gemeinsam glücklich werden wollten. Wenn sie sich beeilten, konnten sie sogar dieses Jahr noch gemeinsam in den Urlaub fliegen; es war sicher spannend, was für sie als Hochzeitsreiseziel ausgesucht würde.

Obwohl er sich jahrelang nichts aus Sex gemacht hatte, konnte Hans-Jochen nun nicht genug kriegen. Im Gegenteil, er schien sogar regelrecht süchtig danach zu werden. Katja erging es nicht anders, auch sie hatte einiges aufzuholen.

*

»Du bist nun sicher sehr glücklich«, sagte die Große Mutter eines Morgens zu Hans-Jochen. »Katja ist die ideale Frau für dich.«

»Aber natürlich bin ich glücklich«, antwortete Hans-Jochen und wunderte sich, wie glatt ihm diese Lüge über die

Lippen ging. Noch mehr wunderte er sich, dass es die Große Mutter wiederum nicht merkte.

Nein, er war nicht glücklich. Er hatte geglaubt, die Erfüllung mit Katja zu finden, die schwindelnden Höhen absoluter Ekstase mit ihr zu erreichen. Doch er fand jedes Mal nur Leere. Deshalb tat er es wieder und wieder, in verzweifelter Leidenschaft, weil er es nicht glauben konnte. Sein Körper befand sich im Zustand höchster Erregung, alles funktionierte – aber sein Geist blieb dennoch leer. Er verspürte keine Wonnen, keine Zufriedenheit.

Er war nicht einmal sicher, ob er Katja wirklich liebte. Die Worte der Großen Mutter vor der ersten Verabredung gingen ihm nicht aus dem Sinn. War es nicht eher so, dass *sie* aussuchte, wer zu wem passte, dass *sie* die Hormone steuerte und dafür sorgte, dass man einander begehrte – wenn man *kompatibel* war? Dann war doch alles nichts weiter als eine große Lüge!

Wie komme ich auf solche Gedanken?, dachte Hans-Jochen ehrlich erschrocken. *Was geschieht nur mit mir? Bin ich geisteskrank? Ich muss zu einem Arzt …*

Er nahm es sich jeden Tag vor und schob es immer wieder von Neuem auf. Ein unbegreifliches Gefühl hinderte ihn daran, sich einem anderen anzuvertrauen. Vor allem Katja durfte nichts merken, gerade sie nicht.

Denn was wurde aus ihm, wenn er tatsächlich für geisteskrank erklärt wurde? Trotz der Widersinnigkeit fühlte er sich keineswegs verrückt. Er dachte lediglich über einige Dinge nach, die ihn erschreckten, die ihm nicht begreiflich waren. Und er fragte sich, wieso er sich immer noch einsam fühlte.

Allerdings konnte er nicht leugnen, dass Katja und er perfekt zusammenpassten. Sie ergänzten sich in ihren Vorstellungen, harmonisierten in allen Bereichen.

Im Grunde genommen war es also völlig egal, ob die Große Mutter das nun arrangiert hatte oder nicht – es funktionierte. Warum packte er das Glück dann nicht einfach am Schopf und vergaß die Leere in seinem Inneren? Vielleicht war er schlicht zu anspruchsvoll.

Er rauchte ein paar Gramm Wohlfühlaktivator mehr und merkte, wie sich allmählich angenehme Trägheit und Wärme in ihm ausbreiteten, die seine absurden Gedanken überdeckten. Es war doch alles bestens.

*

Seine Mutter rief an, nachdem sie das Aufgebot bestellt hatten; sie waren gerade mit dem Fahrrad im Grünen unterwegs. Hans-Jochen setzte die Faltbrille auf und aktivierte die Komverbindung.

»Ich gratuliere dir, Junge, ich bin ja soooo glücklich!«, gluckste die Mutter in strahlender Laune, ihr breites Lächeln passte gar nicht mehr in den Bildausschnitt. »Es wurde auch Zeit, dass du die Richtige findest! Ich bin sehr stolz auf dich!«

»Das finde ich auch, Mutter.« Ihr plötzlicher Sinneswandel wunderte ihn kaum, das kannte er von anderen Müttern der Kollegen. Seine eigene Mutter war bisher nie stolz auf ihn gewesen, zumindest hatte sie ihm das nie gesagt. Sie hatten keinen besonders innigen Kontakt zueinander. Doch die anstehende Hochzeit änderte alles.

»Ich freue mich ja schon so auf die Enkelkinder! Da habe ich endlich wieder eine richtige Aufgabe!«, jubelte die Mutter weiter.

So schnell hatte Hans-Jochen eigentlich noch nicht an Kinder gedacht. Katja schon eher; sie meinte, dass die biologische Uhr tickte.

»Ja, es wird bestimmt eine tolle Sache«, meinte Hans-Jochen und beendete die Verbindung.

Irgend etwas, dachte er, *läuft hier grundlegend falsch. Aber was?*

*

Katja gab ihm keine Zeit zum Nachdenken. Sie heirateten, zogen in ein Haus, und ein Jahr später kam Betty auf die Welt. Ein wahrhaft entzückendes Kind, das fand auch die Große Mutter, die die prächtige Gesundheit des Mädchens attestierte.

Doch bei Hans-Jochen setzten sich die Veränderungen fort, auch wenn er versuchte, sie zu unterdrücken. Irgendwann weigerte er sich, sein Essen in der gewohnten Weise zu sich zu nehmen.

»Was hast du?«, fragte Katja erschrocken, während sie die kleine Betty fütterte. »Bist du krank?«

»Nein, ich bin nicht krank. Ich will das nur nicht essen.« Hans-Jochen schob den Teller weg.

»Hans-Jochen«, meldete sich die Große Mutter, »du musst den Tag über eine bestimmte Menge Kalorien zu dir nehmen, um leistungsfähig zu bleiben und Mangelerscheinungen zu vermeiden. Dies ist eine ausgewogene Mahlzeit, die dir eine Versorgung in allen Bereichen garantiert.«

»Ich habe keinen Hunger.«

»Das glaube ich dir nicht, Hans-Jochen, nach deiner Leistungstabelle ...«

»Also schön, Mutter: Es schmeckt mir nicht!« Hans-Jochen schüttelte den Kopf. »Ich esse das nicht!«

Katja machte ein verzweifeltes Gesicht. »Aber Hans-Jochen, du kannst doch nicht einfach hungern!«

»Ich will etwas anderes essen.« In Hans-Jochens Augen glomm ein Licht auf. »Hast du dir je vorgestellt, wie es ist, eine zart schmelzende Schokolade auf der Zunge zergehen zu spüren? Oder das Prickeln von Sekt?«

»Aber Hans-Jochen!«, rief Katja erschrocken. »Diese ungesunden Dinge sind seit langem abgeschafft ... wie kannst du so frei darüber sprechen?«

»Das kannst du auch.«

»Wie?«

»Versuch's mal: Sekt. Scho-ko-la-de.«

»Nicht vor dem Kind!« Katja hielt Betty die Ohren zu.

»Komm schon, mir zuliebe ...«

Katja öffnete den Mund. Eine Weile kaute sie auf den beiden Wörtern herum. Dann aber schien sie sich daran zu verschlucken, sie begann zu würgen und zu husten und rannte ins Bad.

»Hans-Jochen, du hast etwas Unverantwortliches getan«, mahnte die Große Mutter. »Du hast Katja nicht nur gezwungen, sich mit unnatürlichen und ungesunden Sachen zu beschäftigen, die wir abgeschafft haben, sondern ihr damit auch noch Schaden zugefügt.«

»Ich weiß.« Hans-Jochen würgte ebenfalls. Ihm war sterbenselend, sein Magen schien aus seinem Mund kriechen zu wollen.

Ein fauliger Gestank lag in der Luft, obwohl das wegen der Reinigungssysteme unmöglich war.

Katja kam schluchzend aus dem Bad. »Hans-Jochen, du musst zu einem Arzt gehen!«

Er sprang auf und nahm sie in die Arme. »Tut mir leid, Liebes, ich wollte das nicht. Ich tu's nie wieder, versprochen. Und morgen gehe ich gleich zum Arzt, ja? Dann wird alles wieder gut. Schließlich braucht Betty uns …«

*

Hans-Jochen ging nicht zum Arzt, aber er berichtete Katja, dass er nur eine kleine Funktionsstörung habe, die leicht zu beheben sei.

Von nun an nahm er sich vor, besser aufzupassen. *Ich darf mich nicht mehr einfach gehen lassen*, dachte er. *Ich muss mich in der Gewalt haben. Niemand darf etwas merken – am allerwenigsten Mutter.*

Ohne dass es seiner Umwelt bewusst wurde, hatte Hans-Jochen seinen Beruf geändert. Er wurde zum begnadeten Schauspieler. Niemand bemerkte, mit welchem Widerwillen er das Essen zu sich nahm. Dass er sich immer weiter von Frau und Tochter entfernte. Während des Geschichtsunterrichts durchstöberte er alle Datenbanken des Netzes nach der Vergangenheit und musste feststellen, dass nichts zu finden war. Auch die Vergangenheit war abgeschafft worden.

Doch Kleinigkeiten waren trotzdem durch die Zensur gerutscht, wie Berichte über Nährwerttabellen, ungesundes Essen und so weiter. »Normale« Menschen würden ohnehin nicht darüber stolpern, da ihnen schon allein vom Lesen dieser Un-Wörter übel geworden wäre.

Bei Hans-Jochen war das nicht mehr der Fall. Dennoch entwickelte er einen Ekel. Aber anderer Art als von der Großen Mutter gewünscht. Es war der Ekel vor seinem Leben. Er beherrschte sich jedoch meisterhaft und machte Katja noch ein zweites Kind, als die Große Mutter dezent darauf hinwies, dass der Zeitpunkt günstig sei.

Nach vier Jahren flog er mit Katja in den Urlaub und äußerte keinerlei Kritik darüber, dass es immer nur organisierte Gruppenreisen waren, die man nicht verlassen durfte. Außer

Hans-Jochen kam keiner auf die Idee, dass es nicht normal sein konnte, wenn man im Ausland nahezu keinen Kontakt zu den dortigen Einheimischen bekam. Und dass bei diesen Reisen vor allem das grüne, blühende Europa angepriesen wurde, mit den fehlenden Sorgen und Nöten.

Tatsächlich traten die Europäer auch stets als strahlende, glückliche Menschen auf, die sich wohlerzogen benahmen und jeden mit »Frieden« begrüßten. Hans-Jochen vermutete bei sich, dass die Einheimischen schon von sich aus den Kontakt mit ihnen scheuten; die Europäer waren überall nur als geschlossene Einheit erkennbar, der man freiwillig fernblieb.

Hans-Jochen zog die beiden Kinder auf, nahm seine Mutter zu sich, hielt seinen Unterricht und bewunderte seine Frau im Ballett.

Sobald er aber allein war, übergab er sich regelmäßig, der gesamte Ekel brach aus ihm hervor. Nicht selten hatte er den Wunsch, mit dem Kopf gegen die Wand zu rennen, sich die Pulsadern aufzuschneiden oder von einer Brücke zu stürzen. Dennoch unterdrückte er diese Impulse. Nicht wegen der Großen Mutter. Die merkte schon lange nicht mehr, was mit ihm geschah. Trotz allem lebte Hans-Jochen gern; daher hütete er sich, aufzufallen und Verbote zu missachten, wie etwa die Wege zu verlassen und in der freien Natur herumzulaufen.

Aber natürlich konnte es nicht auf Dauer so bleiben.

Hans-Jochen musste sich jeden Tag so sehr beherrschen, dass sich enorm viel in ihm aufstaute. Zudem wurden seine Sehnsüchte nach all den abgeschafften Dingen immer stärker. Er hatte so lange gesucht und geforscht, bis er im Darknet verbotene Dateien entdeckte und mehr über die Vergangenheit erfuhr. Wahrscheinlich war das Darknet angelegt worden, als die Veränderungen begannen und die Große Mutter die Fürsorge übernahm. Sie hatte es nie entdeckt, und so war es bestehen geblieben, ein archaisches System, versteckt in der Großen Mutter, wie ein winziges Geschwür, das niemand beachtete. Ob noch jemand außer Hans-Jochen darin herumstöberte? Oder er der Einzige war, der anders war?

Beim Pflichtbesuch beim Arzt gab es keine Feststellung, dass sein Chip nicht funktionierte. Anscheinend konnte sein

Chip das System genauso hereinlegen wie Hans-Jochen selbst. Oder er wurde schlichtweg nicht mehr angemessen, und so kam keine Warnung, sondern nur ein Standard-Okay.

Aber irgendwann musste aus Hans-Jochen heraus, was sich in ihm aufstaute, wie bei einem Damm, der durch den ständig steigenden Wasserpegel an seine Grenzen stieß.

*

An einem herrlichen Maimorgen, genau sieben Jahre nach seinem ersten Gefühl der Einsamkeit und Unzufriedenheit, platzte die Bombe. Die Kinder spielten im Garten, die Oma saß strickend im Schaukelstuhl, Katja beharkte die Blumenrabatte, sorgsam abgegrenzt, farblich streng sortiert, und nur eine Sorte.

»Es ist einfach zum Kotzen«, sagte Hans-Jochen, und dann kotzte er wirklich.

Er stand auf der Terrasse, einen Fruchtcocktail in der Hand, und ein mächtiger Schwall ergoss sich auf das Pflaster. Er wunderte sich darüber, aber nur ein bisschen. Eine Grenze war erreicht worden, als er seine glückliche Familie betrachtete, und nun war es vorbei. Etwas in ihm hakte aus, sein beherrschter Verstand verabschiedete sich und überließ den Rest der Magensäure.

Die vier Frauen seiner Familie unterbrachen ihr Tun und starrten ihn fassungslos an.

»Um der Großen Mutter willen«, stieß Katja schließlich hervor, »Hans-Jochen, bist du krank?«

»Nein«, sagte Hans-Jochen.

»Warum hat die Große Mutter nicht rechtzeitig gewarnt?«, rief die Oma.

»Weil sie es nicht gemerkt hat«, erwiderte Hans-Jochen.

»Das-das ist unmöglich! Wir tragen alle den Chip, und ...«, stammelte Katja und wusste nicht, wie sie den Satz beenden sollte.

»Papa«, rief Betty und fing an zu weinen. Ihre kleine Schwester heulte aus Solidarität gleich mit.

»Mein Chip funktioniert nicht mehr«, sagte Hans-Jochen. »Schon seit sieben Jahren. Noch bevor wir uns das erste Mal verabredeten, Katja. Und vor drei Jahren hat die Große Mutter das letzte Mal mit mir gesprochen. Ich glaube, sie weiß nicht einmal mehr, dass ich noch existiere.«

Katja hielt sich die Hände vor den Mund. In ihren Augen stand nackte Angst. »Hans-Jochen …«, flüsterte sie voller Entsetzen.

»Deshalb musste ich kotzen«, fuhr Hans-Jochen fort, »weil ich diese Verstellung einfach nicht mehr ertrage. Es reicht mir.« Er schmetterte das Glas zu Boden. Dann sprang er wie ein wütender Bär in den Blumenrabatten herum und trampelte alles platt. Als Betty zu ihm laufen wollte, scheuchte er sie wild knurrend, mit heftigen Handbewegungen, fort.

Dann fing Hans-Jochen an zu brüllen: »Erkennt ihr denn nicht, was hier los ist? Vor lauter Glück merken wir überhaupt nicht, dass das gar nicht *unsere* Gefühle sind, sondern ein *Programm*, das uns die Große Mutter ins Gehirn einspeist! Der schlimmste aller denkbaren Fälle ist eingetreten: Wir leben in einer technokratischen Diktatur, die uns trügerische Sicherheit und Wohlbefinden vermittelt, damit wir nicht merken, dass wir nichts als Marionetten sind! Nichts von dem, was wir tun, ist echt! Schon in der Wiege wird uns vorherbestimmt, welchen Beruf wir einst ausüben werden!«

»Aber du wolltest doch immer …«, unterbrach Katja unter Tränen.

»Quatsch!«, schrie Hans-Jochen. »Ich *hasse* meinen Beruf! Er ist stinklangweilig, überflüssig und gehirnverblödend! Natürlich ist es anerkennenswert, dass die Ökologie Europas gerettet wurde, natürlich ist es wunderbar, dass wir Frieden haben! Aber zu welchem Preis? Um unseren freien Willen! Jeder von uns ist konditioniert! Was nach Ansicht der Großen Mutter schlecht ist, wird uns so verleidet, dass wir uns unweigerlich übergeben, sobald wir nur entfernt daran denken! Wir gehen Schritt für Schritt den uns vorgezeichneten Weg, brav wie die Lämmer, ohne je zu merken, dass das nicht *wir selbst* sind, sondern nur ein Zerrbild!«

»Wie kannst du das nur sagen, Hans-Jochen?«, schluchzte Katja. »Bisher waren wir doch so glücklich …«

»Ja, weil wir so zu sein hatten!«, kreischte Hans-Jochen und fuhr mit dem Zerstörungswerk fort. Seine Mutter konnte gerade noch rechtzeitig aus dem Schaukelstuhl springen, bevor er ihn zertrümmerte. »Ich weiß nicht, wofür genau wir dienen, doch das System profitiert auf diese Weise von uns, züchtet uns und hält uns stabil für etwas, das uns verborgen bleibt. So ein Leben ist Stagnation, ist Degeneration! Das ist nicht mehr das, was wir als ›Mensch‹ definieren! Wir sind Individualisten, mit Sehnsüchten und Träumen, die uns jedoch in einer Illusion *scheinbar* erfüllt werden! Wir sind Gefangene eines seelenlosen Programms!« Sein wild rotierender Finger stach Löcher in die Luft. »Vielleicht sitzen dort oben sogar noch echte Menschen an den Hebeln der Macht und genießen es, Gott zu spielen. Aber ob nun Computer oder Mensch: Wir hier unten sind nichts weiter als eine Herde hirnloser Schafe, die sie nach Belieben manipulieren!«

*

Hans-Jochen brüllte noch, als er abgeholt wurde. Es ging alles ganz schnell und diskret; die Große Mutter versetzte seine Familie in Trance, während dunkel gekleidete, gesichts- und geschlechtslose Menschen den Tobenden abführten. Die Erinnerung an Hans-Jochen zu löschen, war kein Problem, sein Name, seine Identität wurde im Programm einfach abgeschafft und erzeugte nur Leere, falls jemand versuchte, sich zu erinnern.

Er wurde zu einem Hubschrauberflugplatz gebracht, und Hans-Jochen Dellbruck hätte eine grandiose Aussicht genießen können – wenn er ein Auge dafür gehabt hätte. Sie taten ihm nichts, legten ihm lediglich eine Zwangsjacke an, damit er niemanden verletzen konnte, auch sich selbst nicht. Hans-Jochen war so zornig und aufgebracht, dass er nicht einmal Angst empfand.

Der Hubschrauber landete auf einem pentagonähnlichen Symbol und versank darin. In einem unterirdischen Hangar wurde Hans-Jochen ausgeladen und durch ein düsteres, steriles, nur von Technik beherrschtes Bauwerk geführt. Hans-Jochen begriff überhaupt nicht, was er da sah; Menschen in Uniformen arbeiteten schweigend an riesigen Maschinen. Niemand beachtete ihn.

Schließlich wurde Hans-Jochen in einen kleinen Raum geführt; durch eine Sichtwand konnte er nebenan eine riesige, halbdunkle Halle ausmachen, mit einer Unmenge ergonomischer Liegestühle, in denen Menschen lagen, als ob sie schlummerten. Sie hatten Helme auf dem Kopf, von denen feine Drähte abgingen, die gebündelt wurden und in der Hallendecke verankert.

»Nun, Hans-Jochen«, erklang eine fremde Stimme. Ein Mann hatte den Raum betreten, das Gesicht blieb im Halbschatten verborgen.

»Ich möchte nur wissen, warum«, flüsterte Hans-Jochen.

»Wir haben das wunderbare Utopia erschaffen, wieso kannst du dich nicht damit zufriedengeben?«

»Weil es menschenunwürdig ist. Ihr habt uns unserer geistigen und auch körperlichen Freiheit beraubt. Ihr habt uns die Menschlichkeit und das, was jeden von uns einzig macht, genommen.«

»Es ist bedauerlich, dass du das so siehst«, sagte die ruhige, unpersönliche Stimme. »Es ist ebenso bedauerlich, dass wir es tatsächlich noch nicht geschafft haben, die Aggression in den Griff zu bekommen. Es hätte nicht viel gefehlt, und du hättest deine Familie getötet.«

Hans-Jochen schluckte. Die Tränen liefen ihm über die Wangen. »Nun werdet ihr mich töten, nicht wahr?«

»Wir?« Der Mann lachte leise. »Aber nein, wir töten niemanden oder sperren ihn ein. Verbrechen sind abgeschafft, hast du das vergessen? Dementsprechend auch die Strafen dafür. Tatsächlich ist es so, dass du uns sogar noch sehr nützlich sein kannst, Hans-Jochen. Denn leider haben wir unsere Politik noch nicht auf der ganzen Welt durchsetzen können, und daher ist die Zahl unserer Feinde, die uns Übles wollen, groß. Doch das wussten wir ja von Anfang an, deswegen war die Große Mutter ursprünglich ein reines Abwehr- und Verteidigungsprogramm, bevor wir es weiterentwickelten.«

Der Mann zeigte durch die Scheibe. »Was du da siehst, ist die Sektion Verteidigung. Es widerspricht zwar unserer grünen Verfassung, aber ohne Verteidigung ist ein Land dem Feind nun mal hilflos ausgeliefert. Wir besitzen das größte Atomwaffenpotential der Welt, und unsere Raketen sind auf alle wichtigen strategischen Ziele gerichtet. Doch ein Programm allein ist nicht verlässlich genug. Computer können falsche Entscheidungen treffen, weil sie nur der Logik folgen. Deshalb haben wir eine Biotechnologie geschaffen, die unseren vollen Schutz garantiert. Dein Aggressionspotential wird uns dabei dienlich sein. Nach einer kleinen Schulung werden wir dich an die Große Mutter anschließen, und dann wirst du gemeinsam mit ihr alle Aktivitäten der außereuropäischen Länder überwachen. Die Reaktionsfähigkeit deines Gehirns übertrifft einen Computer um ein Vielfaches, auch wenn dir das nicht bewusst ist. Bevor jemand den Finger krumm machen kann, wirst du ihm eine Lehre erteilen.«

Der Mann trat so weit aus dem Schatten heraus, dass sein Lächeln zu sehen war. »Keine Sorge, dazu wird es nicht kommen. Sie wissen davon. Sie wissen, dass sie keine Chance haben. Du wirst eine angenehme Tätigkeit haben, im Dienste des Friedens. Vielleicht wirkst du sogar mit, wenn wir endlich den Siegeszug über die ganze Welt antreten. Du darfst sehr stolz auf dich sein, Hans-Jochen.«

»Nein!«, schrie Hans-Jochen auf. »Nein! Bitte! Lieber will ich sterben!«

Er bettelte, fluchte, schimpfte und flehte. Aber niemand hörte auf ihn. Sie gaben ihm einen Spezialanzug, brachten ihn zu einer leeren Liege, stülpten ihm den Helm über und vernetzten sein Gehirn direkt mit der Großen Mutter. Er erhielt eine Nahrungssonde und Katheter, damit er die warme, ihn beständig massierende Liege nicht mehr verlassen musste.

»Hallo, Hans-Jochen«, meldete sich die Große Mutter sanft in seinen Gedanken. »Endlich sind wir wieder zusammen.«

Hans-Jochen spürte die Fesselbänder; es hatte keinen Sinn, sich dagegen zu wehren. Und nach der zu erwartenden Hypnoschulung waren sie wahrscheinlich nicht mehr notwendig.

Schluchzend nahm Hans-Jochen Abschied von seinem Ich, das er immerhin für sieben Jahre behütet hatte. Mit seinen letzten freien Gedanken spendete er sich selbst Trost: *Wenn der Chip bei mir versagt hat, wird das auch bei anderen geschehen. Ich werde nicht der Einzige sein. Vielleicht finden sie einen Weg – sicher findet irgendeiner irgendwann einen Weg.*

Nichts währt ewig, schon gar nicht das Glück.

Mein Wiener Flittchen

Sie glauben mir ganz bestimmt nicht, was mir letzten September passiert ist. Mir würde es wahrscheinlich genauso gehen, würde man mir diese Geschichte auftischen. Etwa so, als käme das Einhorn zu Ritter Blaubart und eröffnete mit ihm einen Mädchenhandel. Nun ja, natürlich nicht ganz so schlimm. Wir wissen ja alle, was mit Blaubart passiert ist, letztendlich, nicht wahr? Aber ich will deutlich machen, wie befremdlich mein Erlebnis ist. Dabei ist alles wahr und wirklich. Neugierig? Also dann.

Ich saß gerade im *Guglhupf*, als Herr Sommer hereinstürmte, die letzten warmen Sonnenstrahlen mit sich ziehend, die er allerdings in der Aufregung achtlos auf dem Boden liegen ließ, während er im Vorüberhasten seinen Mantel aufhängte und an meinen Tisch stürzte.

Ich sah den vergessenen Sonnenstrahlen zu, wie sie langsam über den Boden krochen, verzweifelt auf Herrn Sommers Fußspuren dahinfließend, doch kurz bevor sie ihn erreichten, verdunkelte eine Wolke das Fenster, und sie starben ohne einen Laut und gingen kurzum ein in die Schatten. Ein Herbstzeitloser kam umgehend herbeigeflort, fegte eifrig mit dem Riedgrasbesen darüber und wischte anschließend die Reste mit gespelzter roter Seeblase auf. Fackelchen schwebte durch den unvermittelt düster gewordenen Raum und pustete die Kerzen und Leuchter an. Warmes Licht breitete sich aus, aber ich fand es offen gestanden etwas zu früh um diese Tageszeit für diese Art verspielter Romantik. Und ich bin auch nicht so der Faun- und Nymphentyp.

»Herr Sommer«, begann ich daher leicht mahnend. »Ihre Strahlen …«

»Gnädige Frau!«, unterbrach er mich, theatralisch mit den Händen gestikulierend.

(Ich muss an dieser Stelle einfügen, dass Herr Sommer ein Gentleman der ganz alten Schule war, mit Tür-aufhalten, Stuhl-rücken, In-den-Mantel-helfen, Küss-die-Hand, und so weiter. Das »Gnädige« war ihm nicht abzugewöhnen, selbst dann nicht, wenn Herr Winter den Frost mit hereinbrachte, der Herrn Sommers schütteres, augustgelbes Gerstenhaar zauste und seinen zierlichen Körper zum Schlottern brachte, und seine Finger so steif machte, dass er sie nicht mehr behutsam um meine Hand legen konnte.)

»Aber wenn Sie wüssten!« Er verbeugte sich mit einem imaginären Handkuss, weil ich für ihn unerreichbar auf der Bank saß, eingekeilt zwischen dem großen, schweren Tisch und den links und rechts knarrenden antiquarischen Schränken, und ließ sich auf einen Stuhl fallen. Mit einem Stofftüchlein wischte er sich die Stirn und versuchte, seine achtzehn ungeschnittenen, zu Berge stehenden Kornhaare zu glätten.

»Aber was ist denn geschehen?«, fragte ich besorgt.

»Der Simmerl!« Herr Sommer neigte sich zu mir und flüsterte: »Er ist wieder da! Sie kennen doch Wien?«

»Natürlich«, antwortete ich. »Wir sind seit vielen Jahren gute Freunde.«

»Ja. Aber nein! Doch nicht Wien! Den mein ich nicht, sondern *das!* Verstehen Sie, Verehrteste?«

»Ungefähr so viel wie vom Hirschohrzupfen bei güldenem Mondenschein. Aber fahren Sie doch fort, lieber Freund«, sagte ich liebenswürdig.

»Also, wissen Sie, der Simmerl«, fuhr Herr Sommer fort und tupfte sich erneut die Stirn, »also, der hat … ja … Sie erinnern sich bestimmt, wonach er immer gesucht hat.«

Dessen konnte ich mich momentan nicht mehr so recht entsinnen. Aber die Schlussfolgerung lag nahe. Ich hatte lediglich eine fünfzigprozentige Chance, mich zu blamieren. »Wien?«, riet ich.

Die Bedienung kam und brachte Herrn Sommer aufgeschäumtes frisches Hopfenmalz und mir einen weißen Holunderblütensaft mit einem Spritzer Mineralwasser. Herr Sommer schüttete weißen Hefezucker aus dem Streuer in seine Tasse und rührte mit konzentrierter Miene um. Ich nippte an meinem Saft und spürte, wie die Sirupsüße durch meine Ganglien rann.

»Genau!«, antwortete Herr Sommer schließlich in zerzauster Begeisterung. »Sie werden es nicht glauben, aber es steht! Sehen Sie mal.«

Er zeigte mir eine Dagholeiste. Ich sah darauf Prachthäuser, breite Straßen, Pferdefuhrwerke und selbstfahrende Autos.

Und Einwohner, viele, viele Einwohner, die sich geschäftig wuselnd durch die Straßen bewegten. Einer rannte beinahe aus dem Bild, und ich stupste ihn gerade noch mit dem Finger in den Rahmen zurück. »Bei Aphrodites Nektar, sind die schon so weit?«, fragte ich beeindruckt. »Das sieht ja sehr hübsch aus. Richtig anheimelnd.«

»Das ist Wien«, erklärte mir Herr Sommer in einer Stimmlage, als handelte es sich um den Wetterbericht von gestern.

»Machen Sie keine Witze! Die nennen ihre Städte so?« Ich fragte mich, was Wien wohl davon halten mochte. Andererseits, er war Architekt. Eitel genug wäre er, das sogar selbst inszeniert zu haben. Fasziniert betrachtete ich die niedlichen Bilder. »Könnte mir da gefallen, glaube ich.«

Wir sahen auf, als die Tür aufschwang und an die Wand knallte. Nur einer betrat mit solcher Wucht unser Stammcafé.

Da krochen auch schon die ersten Äste des Wipfels herein, dann schob sich der Stamm nach, und schließlich breiteten sich zwei Arme aus, die hastig das Augustlerchennest auffingen, das bei der Bückaktion den Halt verloren hatte. Das Lerchenpaar schwirrte aufgeregt zwitschernd um den Wipfel, der sich soeben wieder aufrichtete. Ein paar bodenlange Lianen sammelten die aus dem Nest gefallenen, piepsenden Küken ein, und bald war wieder alles an Ort und Stelle, und die flatternde Gesellschaft beruhigte sich.

»Hallo, Freunde!«, dröhnte Bilobans Stimme durch den Raum. Er stampfte auf unseren Tisch zu und pflanzte sich neben Herrn Sommer. Zur Theke gewandt, rief er: »Doppelnatronsauren Guano, geschüttelt, nicht gerührt, bitte sehr!«

»Kommt sofort!«, rief Oktipar, griff mit ihren Schlängelarmen versiert nach verschiedenen Seiten und versäumte es nicht, gleichzeitig dem Küchenlehrling eins auf die Flossen zu geben, als er wieder einmal heimlich aus dem Topf mit dem in Quallengelee eingelegten Lauchlurchen naschen wollte.

»Ich habe gehört, dass der Simmerl zurück ist, stimmt das?«, fuhr unser borkiger Freund fort.

»In der Tat«, bestätigte Herr Sommer und zeigte Biloban die Bilderleiste. Und dann eine zweite, mit hauptsächlich Straßenverkehr, ziemlich wirr und chaotisch, aber genau das Richtige für den sanften Riesen.

Seine Krone wackelte, als Biloban lachte. Er amüsiert sich gern über die seltsame Fortbewegungsweise von Mehrbeinern und geht daher oft in Ameisenkinos. Schnelle, hastige Bewegungen findet er außerordentlich faszinierend. Er hat schon mal versucht, sie nachzumachen, aber zum Glück nur einmal und im Freien, so ging lediglich Muraklings Glashaus zu Bruch, aber das war Chaos genug.

Aus einem Astloch blickte verschlafen ein Eichhörnchen und fing zu zetern an, als Biloban einfach nicht zu lachen aufhören wollte und es aus seiner Behausung schüttelte.

Schließlich fing er sich wieder und ordnete die Blätter. »Diese Reise hat sich offensichtlich für unseren Freund gelohnt«, meinte Biloban, tauchte eine Luftwurzel in sein Glas und saugte den Guano auf Ex aus. (Er kann bei seiner Größe allerdings eine Menge vertragen, das muss ich neidvoll zugeben. Mich bringt ja schon ein Nussschälchen Honigwein aus der Fassung.) »Hat er auch ein Souvenir mitgebracht?«

Herr Sommer schüttete seinen Hopfenschaum hinunter. »Genau. Das hat er. Wollen Sie es sehen?«

»Unbedingt!«, riefen wir beide begeistert im Chor. »He, Wirt! Zahlen!«

Draußen vor dem Café fielen einige zornflammende Sonnenstrahlen über Herrn Sommer her, und er erinnerte sich endlich, zur Mondnacht erbleichend, an das Fiasko im *Guglhupf*. Er entschuldigte sich vielmals für seine Nachlässigkeit, und ich verteidigte ihn noch dazu. Zu dieser Jahreszeit, im September, wird er immer schusslig, das ist eben so. Ich schüttelte zum Abschluss ein wenig pudrigen Staub ab, um die Strahlen zu besänftigen.

Ich erhielt keinen Dank, denn die Strahlen flohen augenblicklich vor einer Kumuluswolke, die sich gerade herabsenkte. »Watteweich!«, rief ich. »Du kommst gerade recht! Du musst uns zum Simmerl fliegen, auf dem kürzesten Weg!«

»Es ist Berufsverkehr«, wandte Watteweich bedenkenvoll ein und verlor ein Wolkenpüffchen, als der letzte zornige Sonnenstrahl beim Abflug noch einmal zurückblitzte.

»Die Hauptwolken kann ich schon aufhalten«, meinte Herr Sommer zuversichtlich. »Es ist gleich fünf Uhr, da kann ich noch mal richtig aufdrehen!«

»Über die Ampeln fliegst du einfach drüber«, schlug ich vor. »Die gehören sowieso verboten, weil sie nur Unfälle verursachen.«

»Es bräuchte sich nur mal jemand an die Regeln zu halten.« Biloban hob mild dozierend einen Zweig.

»Ach was«, sagte ich verdutzt. »Da gibt es Regeln?«

»Was ist jetzt?«, mahnte Watteweich. »Vor der Dunkelheit muss ich das Kleid wechseln und in die Herde für die ultraviolette Abendshow. Wenn ich das versäume, bekomme ich Ärger!«

Mit vereinten Kräften hievten wir Biloban an Bord, was Watteweich ein besorgtes Fluschen entlockte, aber sie schwang sich tapfer auf, und als zufällig der Westwind hinter uns ein Knöllchen wegen falscher Richtung verpasst bekam, sich vor Zorn darüber aufblähte und bis über die Kumulisphäre pustete, kam die kleine Wolke richtig in Fahrt.

Der Simmerl erwartete uns bereits händeringend, er rannte auf seinen Multipodien hin und her und säuselte vielstimmig: »Liebe Freunde, ihr werdet es nie und nimmer glauben, was ich euch gleich zeigen werde! Kommt herein, kommt herein, schaut es euch an!«

Wir folgten ihm aufgeregt ins Laboratorium, und da stand, ob Sie's glauben oder nicht, ein Mensch.

Gesehen hatten wir noch nie einen in natura, und schon gar nicht so weit entwickelt. Natürlich hat es uns immer interessiert, was auf der Erde passiert, so ein netter, kleiner Planet. Wenn sie jung sind, sind sie ja alle entzückend, so unbedarft und naiv. Erst ab dem Flegelalter wird es ein bisschen schwierig, aber ich sage immer, wenn man mit strenger Liebe erzieht, kann man alle Hürden schaffen. Also zumindest bei den Larven hat das immer funktioniert. Und was im Kleinen geht, geht auch im Großen, oder?

Wo war ich? Ach ja. Beim aufregendsten Moment meines Lebens.

Obwohl Herr Sommer uns zuvor die Bilder gezeigt hatte, war es doch etwas ganz anderes, einen *leibhaftigen Menschen* zu sehen.

Biloban piekste ihn vorsichtig mit einem Zeigezweig an. »Ist das ein Männchen? Es hat einen Bart.«

»Es ist blond«, sagte Herr Sommer begeistert.

»Es hat blaue Augen«, stellte Watteweich träumerisch fest.

»Es zittert«, bemerkte ich mitleidig.

In der Tat, so war es.

Schlotternd, kreidebleich, Haare ausfallend stand es vor uns, und stieß mit klappernden Zähnen hervor:

»Bittschönhvdeereekönntensevleichtbittewennsesogutwärn undmichzruckbringenvleicht …«

Wir sahen uns an.

»Langer Name«, meinte Biloban beeindruckt. »Länger als die Wurzeln meines Großpopes, ganz ohne Zweifel.«

»Ich hab mehrmals Flittchen herausgehört«, sagte ich. »Wollen wir ihn so nennen? Klingt doch nett.«

Der Mensch starrte mich an. »*Flittchen*?«, wiederholte er zittrig, und seine Augen wurden ganz rund und groß.

»Ui!«, rief der Simmerl. »Es kann ja denken!«

Er stürzte in einen Winkel über die siebenundzwanzig gödelschen Stufen einer Kammer und kam bald darauf mit kleinen Ohrwürmchen zurück, noch nicht mal einen Millimeter lang. »Himmel noch mal … bitte um Entschuldigung, Watteweich, sollte keine Blasphemie sein, aber, kreuzkruzidammich, da hätte ich doch gleich dran denken können!« Vor lauter Aufregung zerfiel er in dreiundzwanzig Simmerlinge – normalerweise sollten es nicht mehr als elf sein, weswegen sie zum Teil kopflos umhertorkelten –, aber dadurch bekamen wir alle gleichzeitig die Ohrwürmchen, und es war ein lustiges, kunterbuntes Sprachengewirr, bis sie endlich alle auf Gleichklang geschaltet waren und harmonisch zummten.

Ich entschloss mich zu einem ersten Vorstoß, nachdem die anderen mir den Vortritt ließen. »Hallo, Flittchen«, sagte ich. »Ich bin Chrysiridia, aber du kannst mich natürlich Chrys nennen.«

»Havdeere«, antwortete er. Er schien sich zu freuen, dass wir uns endlich verständigen konnten. Inzwischen hatte er eine angenehme Hautfarbe, und er stand ganz ruhig. »Ich bin Bradpitt.«

»Oh«, machte ich verlegen, wobei ich ein wenig Staub verlor, und die blaue Farbe im Pfauenmuster. Ich spüre es sofort, wenn ich einen peinlichen Fehltritt begehe, selbst bei einem so fremden Wesen wie diesem. »Nicht Flittchen?«

»Nicht, dass ich wüsste«, antwortete er. Er gaffte mich an. »Du bist wunderschön«, komplimentierte er.

»Du auch«, konnte ich aufrichtig zurückgeben. Ich hatte ja keine Ahnung, wie Menschen normalerweise aussehen. Aber er gefiel mir ausnehmend gut. Und er verzieh mir meinen bösen Lapsus. Wer wusste schon, was ich aus seinem langen Namen gemacht hatte! (Ich habe ihn nie gefragt.)

»Kannst du damit eigentlich auch fliegen?«, fragte Bradpitt und deutete hinter mich.

Ich blinzelte irritiert. »Womit?«

»Schon gut.« Er winkte ab. Der Reihe nach sah er strahlend meine Freunde an, als sie sich vorstellten, zuletzt der Simmerl, der sich inzwischen wieder zusammengesetzt hatte. »Also, dann sind wir jetzt allesamt im *Guglhupf*, oder wie sehe ich das?«

»Du kennst unser Stammcafé?«, fragte ich erstaunt und beglückt.

»Klar«, sagte er leichthin. »Da komm ich schließlich her.«

Sie können sich vorstellen, dass die Ankunft von Bradpitt bei uns einschlug wie eine Bombe. Stündlich defilierten Besucher aus allen Sphären beim Simmerl vorbei, um den Menschen zu besuchen, in Augenschein zu nehmen, zu beschnüffeln und zu betasten. Wie ein Kosmoswunder, wahr und wirklich!

Und Bradpitt hatte seine rechte Freude daran, wie ich seinen entzückten leisen Lauten und seinen staunenden großen Augen entnehmen konnte. Er unterhielt sich begeistert mit allen und hatte viele Fragen, genauso wie umgekehrt. Aber eines muss ich sagen: Wenn er mich ansah, war da so ein besonderes Strahlen in seinem Blick, das er keinem anderen zeigte. Und ich merkte, dass er sich am liebsten mit mir unterhielt und mich gar nicht mehr weglassen wollte. Ich allerdings fühlte mich auch sehr wohl bei ihm.

Bradpitt blieb eine ganze Weile bei uns, denn die verzettelte Obrigkeit hatte natürlich viele Formulare für ihn, die er alle bereitwillig ausfüllte.

Am liebsten redete er über Wien, und ich kannte die Stadt bald so gut wie er, schien es mir. Wir waren fast ständig zusammen. Es war ziemlich anstrengend, aber das machte mir gar nichts, ich fühlte mich prächtig, und gegen den Hunger konnte man ja etwas tun.

Biloban überraschte mich eines Tages dabei, als ich mich schon frühmorgens gierig auf die erste Morgenblüte stürzte und zuzelte und saugte, dass es eine Wonne war. Und da bog auch schon Herr Sommer über den Horizont und schaute mich erstaunt an.

»Meine liebste Freundin!«, rief Biloban aus.

»Gnädige Frau!«, hauchte Herr Sommer.

»Was ist denn?«, fragte ich, nun doch ein wenig beunruhigt. Ich gebe zu, in letzter Zeit war ich immer sehr hungrig, und ich glaube, ich hatte auch ein wenig zugenommen. Aber bestimmt war ich noch nicht fett, also zumindest fühlte ich mich nicht so. Wenn ich mich aber täuschte, herrje!

»Sehen Sie sich doch an …«, flüsterte Herr Sommer, und ein leuchtender Lichtstrahl fiel auf mich herab.

Und Biloban neigte einen Ast zu mir, auf dessen Laubgefieder noch die Morgentautropfen glitzerten.

Ich blickte hinein und sah …

Erschrocken fuhr ich zurück. »Die Königin!«, rief ich und sah mich hastig um, bereit zu einem Kniefall.

»Nein«, sagte Biloban leise. »Das bist du.«

»Ausgeschlossen!« Wieder blickte ich in den Tauspiegel, und da erkannte ich endlich meine Augen. Aber der Rest von mir … diese Farben … diese Muster …

Ich bekam es mit der Angst. »Was ist denn nur passiert?«, flüsterte ich.

Die beiden sahen mich andächtig an.

»Wahre Liebe«, sagte Herr Sommer ehrfürchtig.

Und so war es wohl. Eine ganz neue Erfahrung, die wir noch nicht gänzlich erforscht hatten. Wissen Sie, diese Sache mit dem Herzklopfen, und der leuchtenden Haut, und den funkelnden Augen, und dem strahlenden Lächeln. Was uns so wunderschön macht, so einzigartig abhebt von allen anderen, wenn es passiert.

Natürlich ist dieses Universum mit Liebe entstanden, das wissen wir. Und wir empfinden unseren Freunden, unseren Kindern gegenüber zärtliche Zuneigung.

Aber so wie ich hatte die Liebe noch keiner erlebt. Und das nur, weil Bradpitt gekommen war, ein zarter Mensch von einem jungen Planeten, kaum aus einer Staubwolke geboren. Er lehrte uns in kurzer Zeit, wonach wir schon so lange forschten, und führte es zugleich in der Praxis vor.

Und das ausgerechnet an mir!

Ich taumelte von Blume zu Blume, trank Nektar bis zur Trunkenheit und sang. Ich war glücklich. So wirklich, einzigartig, großartig glücklich wie nie zuvor.

Und der Simmerl war auch glücklich, er steckte mich in sein Laboratorium und pfropfte mir alle möglichen Gerätschaften auf, um genau zu erkunden, was mir widerfahren war.

Als endlich die größte Begeisterung ein wenig abklang und eine gewisse Vernunft wieder einkehrte, war es Biloban schließlich, der die entscheidende Frage stellte. (Was mich, im Vertrauen, nicht wundert, denn immerhin hat er die größte Erfahrung damit, bei all den Bienen und Vögeln und Eichhörnchen in seinem Geäst.)

»Liebste Chrysiridia«, sagte er zu mir, »das ist also die Wahre Liebe, und ich bin beglückt, daran teilhaftig zu sein. Aber was empfindet denn Bradpitt eigentlich für dich?«

Ich wusste es nicht. Ich hatte nicht die geringste Ahnung. Ich musste es herausfinden.

Ich nahm Bradpitt mit mir auf Watteweich, und wir flogen über die Montes Boreales, weil es immer noch so viel gab, was ich ihm zeigen wollte, und er immer noch nicht genug bekam von all den wundervollen Dingen, die ihm so außerordentlich viel Vergnügen bereiteten.

»Bradpitt«, sagte ich zu ihm, »mein Freund, du bist nach wie vor ein Wunder für uns. Du entstammst einer ganz fremden Welt, und nun hast du uns die Wahre Liebe gebracht.«

»Wie meinst du das?«, fragte er staunend. »Ich sehe das eher umgekehrt.«

»Nein, nein«, widersprach ich. »Sieh mich an. Ich trage mein Hochzeitsgewand, ich bin die Königin, und das nur wegen dir. Für – dich. Ich liebe dich, mein liebster, süßer Bradpitt, von ganzem Herzen, auf Gedeih und Verderb, und kann ohne dich gar nicht mehr leben. Du bist mein Nektar, du ganz allein, mein Honigsüß.«

Er sah mich mit großen Augen an. »Das tust du?«, flüsterte er. »Aber Chrys, mich … mich hat noch nie einer geliebt.« Und dann begann er zu weinen. Große, salzmilchige Tränen, die seine Augen überschwemmten.

Ich wusste mir gar nicht zu helfen vor Schrecken. Was hatte ich ihm nur angetan? Wahrscheinlich hatte ich ihn zerschmettert, zerbrochen, wie eine Blume unter Godzillas unvorsichtigem Auftritt. »Das habe ich nicht gewollt«, sagte ich zerknirscht, kniete mich neben ihn und streichelte verzagt seinen Arm. »Du musst schrecklich über mich denken, Bradpitt. Was kann ich tun, damit du mir verzeihst?«

»Aber nein, aber nein!«, schluchzte er. »Es ist doch ganz anders.« Er sah mich wieder mit seinen wundervollen Augen an, genau wie das Meer in der Morgenflut, so sahen sie aus. Er ergriff meine Hände. »Du bist das wunderschönste Wesen, das ich je getroffen habe. So lieb, so sanft, so … fröhlich. Du ahnst nicht, wie sehr ich dich liebe, und mit jedem Tag ein Stück mehr, je mehr von deinen Farben zu leuchten anfangen, und je lieblicher du deinen Nektar schlürfst und dir anmutig über die Fühler streichst. Und dein wunderschöner Körper, fast ein Mensch und doch so zart beflaumt, und deine … Ja, wenn du sehen könntest, wie zart sie sind, so ausgebreitet im Sonnenlicht, mit diesen herrlichen Zacken und Rundungen, wie sie hin- und herschwingen, jeden Moment, dich loszulösen. Ich kann dich nicht festhalten.«

»Aber ich kann dich festhalten, mein lieber, lieber Bradpitt«, sagte ich zärtlich, und dann nahm ich ihn in die Arme, und er küsste mich, und da brauste plötzlich Madame Frühling über uns hinweg mit einem Blütensturm, und Watteweich schlug Kapriolen, und wir umarmten uns und liebten uns, hoch dort oben in der siebten Sphäre.

In Bradpitts Gesellschaft gab es einfach keine düsteren Gedanken. Nicht einmal Herr Winter war so frostig wie sonst, und die Eisblumen glockten zart. Wir liebten ihn inzwischen alle, aber niemand so wie ich. Und er mich ebenso, wir konnten gar nicht genug kriegen voneinander. Ständig mussten wir uns berühren und küssen, und was wir alles miteinander taten, das kann ich keinem erzählen ohne zu erröten. Da konnten wir wirklich viel voneinander lernen, und das machte uns außerordentlich Freude.

Von mir aus hätte es immer so weitergehen können.

Aber eines Tages fand ich meinen lieben Bradpitt in unserer Wabe, krank und bleich auf dem Bett, das sonst anderen Zwecken diente, und er murmelte seltsam vor sich hin. Er wollte nichts essen und nichts trinken, und auch nicht aufstehen.

Erschrocken setzte ich mich an die Kante, nahm seine eiskalte Hand und streichelte sie.

»Was ist, mein Geliebter?«, fragte ich ängstlich. »Brauchst du mehr Licht, welkst du dahin?«

»Nein«, flüsterte er. »Ich bin krank vor Heimweh, meine honigsüße Chrys. Ich liebe dich über alles, aber Wien … das fehlt mir so sehr. Ich habe ein paar Freunde dort, weißt du, und sie fehlen mir auch. Einfach alles. Als hätte man mir die Wurzeln abgeschnitten und mich getrennt von meiner Muttererde und der Wasserader. Ich kann nicht ohne dich leben, aber ohne Wien auch nicht.« Er richtete sich auf und blickte mich aus nebeltrüben Augen an. »Ich lebe da in einem Haus in einem großen Garten, umgeben von einer hohen Mauer. Vor langer Zeit brachten sie mich dorthin, weil sie sagten, dass ich nämlich gar nicht Bradpitt bin und keine Gefahr für andere sein soll, und all so was. Ich hatte es vorher nicht allzu gut, schlimme Sachen, über die ich nicht reden will, weil sie meinen Verstand verdunkeln, und ich hab mich fest dazu entschlossen, nur schöne Sachen um mich zu haben, und Freude. Und stell dir vor, da drin habe ich zum ersten Mal im Leben Freunde gefunden. Richtige, gute, liebe Freunde. Und wir gehen da nicht mehr raus, zumindest die meisten von uns. Und da sind auch Freunde, die mich beschützen, vor denen da draußen, weil die an mein Geld wollen und all so was, mich verwirrt das ja immer. Es ist ja eigentlich gar nicht richtig Wien, sondern der Garten, aber der … und …«

»Genug!«, unterbrach ich entschieden seinen Redeschwall, von dem ich kein Wort verstand, weil mein Ohrwürmchen versagte und nur noch *blubbelbrabbelbabbel* von sich gab. »Rede kein Wort mehr weiter, mein lieber Bradpitt. Ich weiß, was dir fehlt, und ich weiß auch, dass keine Medizin von uns dich heilen kann, nicht einmal meine Liebe. Du hast ganz Recht, das ist wie bei Biloban, als er einmal im Sturm entwurzelt wurde, und wir haben ihn erst nach langer Zeit auf einem Meteoriten wiedergefunden, schon ganz verkümmert und fast verwelkt.«

»Aber …«

»Still. Wir gehen einfach dorthin. *Gemeinsam.* Dann weißt du, ob es die Erinnerung ist, die dich krank macht, oder ob du wirklich dort sein musst, weil du bei uns nicht auf Dauer leben kannst. So was ist nämlich schon vorgekommen, weißt du, damit kennen wir uns aus. Und wir können es niemals verantworten, dass du etwa bei uns verwelkst oder vertrocknest oder ertrinkst und womöglich stirbst. So was tun wir nicht.«

Er sah mich mit zaghaft erwachender Hoffnung an. »Meinst du wirklich?«, wisperte er. »Es … es wäre möglich, wenigstens mal vorbeizugucken und zu sagen, dass es mir gut geht? Die machen sich nämlich bestimmt Sorgen um mich.«

»Aber klar«, versicherte ich. »Wir nehmen meinen Portopogo, der ist gerade frisch aufgetankt und hat die TU bestanden.«

Ich wollte keine Zeit verlieren, wer wusste schon, wie lange es mein lieber Bradpitt noch machte, wenn er so lange schon von seiner Heimat getrennt war. Daran hätten wir auch früher denken können!

In aller Eile verständigte ich den Simmerl und die anderen, dass ich Bradpitt heimbringen würde. Alle waren sofort mit meinem Plan einverstanden und kamen zur Verabschiedung. Der Simmerl gab mir die Koordinaten. Ich programmierte sie in den Portopogo, sagte zu Bradpitt, wie er sich draufstellen sollte, dann startete ich den Antrieb, und wir hüpften.

Wir landeten mitten in einem wundervollen Garten mit Gras und Bäumen, Flanierwegen und Bänken. Ich sah die große, weiß getünchte Mauer rundum und fühlte mich gleich geborgen. Ein kleiner Teich war auch da, und ein breiter Kiesweg führte zur Treppe eines großen Hauses. Na, ich möchte es eine Villa nennen, mit einem Halbkugeldach. Und da liefen lustige Menschen herum, die einen in bunter Staffage, die anderen ganz in Weiß. Natürlich gafften sie, als wir urplötzlich auftauchten, denn die Hüpftour stand in Wien auf dem derzeitigen technischen Stand noch lange nicht zur Debatte.

»Der *Guglhupf!*«, rief Bradpitt und stürmte los.

Und sogleich merkte ich, wie mein lieber Bradpitt gesund wurde und wieder Farbe bekam, und seine Augen strahlten wie das Meer im Morgenlicht. Er rannte durch den Garten und umarmte einige Leute, die sich allmählich von ihrem Schrecken erholten und ihn jubelnd begrüßten, und er schleppte sie einen nach dem anderen zu mir. »Das ist Napoleon, und auch wenn er kleinwüchsig ist, ist er wirklich großartig! Und das ist Batman, eine richtige Nachteule. Und Anabell; keine Angst, sie bellt, aber sie schnappt nicht. Annunziata redet nicht viel, aber sie hat ein süßes Lachen, nicht wahr? Und da ist noch der gute alte Jack, und Mistertscheckyllhaid, und Tom aus dem Träumenden Universum, und Dracula ...«

Ich konnte mir all die Namen auf einmal gar nicht merken. Ich schüttelte unzählige Hände, und ich glaube, Dracula hat mich gebissen, aber dann rannte er wie von Furien gehetzt davon.

Ganz zum Schluss kam ein großer Mann in Weiß auf uns zu, dem Bradpitt aufgeregt winkte.

»Das ist Doktorpinkasbrain!«, stellte er mir den Mann vor. »Er ist mein guter Freund, von dem ich dir erzählt hab, mein Beschützer.« Er riss dem Mann fast den Arm ab, so heftig schüttelte er seine Hand. »Da bin ich wieder, haben Sie mich vermisst, mein Lieber? Was sagen Sie, das ist Chrys, meine Freundin, und wir sind ein Liebespaar, stellen Sie sich das vor! Sie kann über die Sterne hüpfen und will uns hier besuchen und sich alles anschauen, ist das nicht toll?«

»Bradpitts Freunde sind auch meine!«, sagte ich erfreut und streckte ihm meine Hand hin. »Havdeere!«

Sein Freund war ziemlich blass, aber ich glaube, nicht von Natur aus, denn er hatte sehr dunkle Haare und Augen. Er starrte mich einen langen Moment schweigend und mit offenem Mund an. »Können Sie damit auch fliegen?«, wollte er schließlich wissen.

»Womit?«, fragte ich.

»Schon gut«, sagte er.

Und soll ich Ihnen was sagen, ich blieb bei all den netten Leuten, und vor allem bei meinem lieben Bradpitt, denn ich wollte ihn wirklich nicht verlassen, und hier gehörte er einfach her.

Ich kann immer noch nicht genug von ihm kriegen, weil er so süß riecht und schmeckt und immer so schöne Dinge mit mir tut. Anfangs hieß es zwar, das dürfe nicht sein. Aber irgendwann sahen sie ein, dass ich jede Tür öffnen kann und gehen, wohin ich will.

Ich helfe Doktorpinkas inzwischen bei seinen Forschungen, darin ist er dem Simmerl ganz ähnlich, und oft schmeiße ich Partys für alle, mit Leuchtkäferlametta und Heuschreckenband. Doktorpinkas sagt, dass alles viel besser geworden ist, seit ich da bin.

Bei schönem Wetter sitzen wir draußen und spielen Strip-Poker, was mir ausnehmend gut gefällt. Und da machen die netten Männer in Weiß mit und haben ebenso viel Spaß wie ich, auch wenn sie meistens verlieren.

Eines Tages wächst Biloban herauf. »Wollte mal nach dir gucken«, raschelt er. »Machte mir allmählich Sorgen, weil vielleicht dein Portopogo nicht mehr geht.«

»Ach was, ich habe nur keine Eile«, sage ich. »Ich mache hier nämlich Urlaub.«

»Ich will sehen«, sagt mein lieber Bradpitt zu mir, klopft ungeduldig auf den Einsatz und grinst mich schelmisch an.

»He, Kumpel«, sagt Doktorpinkas lässig zu Biloban, die Zigarre im Mundwinkel hin- und herschiebend. »Lust, mit einzusteigen?«

Biloban verschränkt ungefähr einhundert Äste ineinander und überlegt. Ein Dutzend Blätter färbt sich inzwischen gelb, verwelkt und rieselt langsam zu Boden. Die Lerchenküken unternehmen ihre ersten Flugversuche. »Okay«, entscheidet er schließlich. Er schlägt Wurzeln neben meinem liebsten Bradpitt. »Wer gibt?«

»Ich«, verkünde ich und präsentiere strahlend meine Karten. »Schachmatt mit Dame. Hosen runter!«

Jutta

»Aus dir wird nie etwas!«, keifte Jutta am Frühstückstisch. »Weißt du, was ich gestern festgestellt habe? Du hast die Wartung vergessen! Wie oft muss ich dir noch sagen, dass wir das nicht übersehen dürfen, weil sonst die Garantie verfällt? Diese Geräte sind hoch entwickelt, aber auch hoch empfindlich, sie brauchen regelmäßige Wartung, sonst kommt es zu Ausfällen!«

»Ja, Jutta«, sagte ich und setzte nichts mehr nach. Noch vor wenigen Monaten hätte ich gesagt: »Dir auch einen guten Morgen.« Und davor: »Können wir einen Tag auch mal anders beginnen?« Und davor: »Wenn du im Bett so gut wärst wie im Nörgeln und Keifen, würde bei uns die Post abgehen.«

Aber nein. Diese Zeiten sind vorbei.

Ich habe es aufgegeben, mich mit ihr anzulegen, zu versuchen, noch irgendetwas Gutes aus ihr herauszuholen, oder wenigstens einen anständigen Streit zu führen, mit anschließendem Versöhnungssex. Sie hingegen wird nie aufgeben, mich so zurechtbiegen zu wollen, dass ich in ihre Puppenkiste passe.

»Kannst du dich denn nicht mal *darum* kümmern? Wirst du dich nie anpassen?«, fuhr sie fort.

»Tut mir leid, Jutta.«

»Tut mir leid, tut mir leid«, äffte sie mich nach. »Tu lieber was Richtiges!«

»Ich kümmere mich heute darum.« Hoffentlich genügte das, um sie endlich zum Schweigen zu bringen. Wissen Sie, es heißt ja immer, dass es nichts Schlimmeres gibt, wenn Paare sich anschweigen, weil sie sich nichts mehr zu sagen haben. Da wäre doch wenigstens ein Streit besser.

Diese Behauptung muss von Leuten aufgestellt worden sein, die noch nie eine dauerhafte Beziehung gewagt hatten. Denn ich wäre froh, wenn wir uns nichts mehr zu sagen hätten. Oder vielmehr, wenn Jutta mir nichts mehr zu sagen hätte. Ich genieße nämlich die seltenen Momente des Schweigens, weil ich dann so tun kann, als führten wir ein normales, wenn nicht glückliches Eheleben.

»Ich will's hoffen, *Bernhard*«, knurrte sie, und dann widmete sie sich tatsächlich ihrem Terminkalender. Die halbe Orange auf ihrem Teller beachtete sie nicht. Wahrscheinlich wieder einmal totale Diät. Die machte sie für uns beide, denn offen gestanden empfinde ich sie als zu mager, aber das ist wohl der Ausgleich für mein Übergewicht von fünf Kilo.

Schließlich stand sie auf. »Ich mache mich fertig und fahre dann ins Büro, nachmittags habe ich verschiedene Termine und komme sicher nicht vor acht Uhr heim.«

Das bedeutete, sie traf sich mit ihrem Masseur, den sie vögelte. Kein Problem, dann hatte ich meine Ruhe. Jutta war im Bett eine so entsetzliche Langweilerin, dass ich meistens keinen hochbekam, und das wiederum wurde jedes Mal zum Anlass für noch mehr Vorwürfe, die meine Libido endgültig ins Nirwana beförderten.

Sie fragen sich, lieber imaginärer Leser von einem fernen Land, der meine Memoiren wahrscheinlich nie liest, warum ich mich nicht von Jutta scheiden lasse? Oder Jutta sich von mir? Ich sage es Ihnen: Das ist nicht so einfach. Lassen Sie mich dazu ein bisschen ausholen.

*

Ich war ein Sportstar. Der beste Fußballer, den es je gegeben hat, der Gott der Fußballkaiser, ja, so nannte man mich. Das verschaffte mir einige Privilegien, und ich darf bis heute in einem voll automatisierten Apartment in der Turmstadt Neulin wohnen, was dem Paradies gleichkommt. Das sind Annehmlichkeiten, die man nicht so leicht aufgibt, wenn man erst einmal in den Genuss gekommen ist. Die Alternative heißt nämlich kompletten Verzicht auf alles, eine Baracke draußen im Ungeschützten, ein Leben in Dreck und Schlamm.

So bin ich aufgewachsen. Meine Kindheit und Jugend hindurch habe ich immer aufgeschaut zu den schwindelhohen Türmen unter der gewaltigen Schutzglocke, gut verborgen und abgesichert hinter der Mauer. »Warum sind wir nicht dort?«, habe ich Mama gefragt.

»Das ist ganz einfach, Benny«, hat Mama zu mir gesagt, »es geht ums Gleichgewicht. Wir haben einen wirtschaftlich gesunden Staat, der in der Welt bestehen kann. Unsere Exportgüter sind sehr beliebt. Dadurch können wir uns Luxus leisten. Aber wir sind einfach zu viele Menschen, sodass der Luxus nicht für alle reicht, und es ist zu wenig Platz da. Also haben sie angefangen, für ein Gleichgewicht zu sorgen und die Wolkentürme hinter den Mauern zu bauen. Dorthin kommt man nur, wenn man es sich verdient hat. Die Wolkentürme sind für diejenigen gedacht, die Macht und Vermögen haben, aber auch für Hochbegabte in den Bereichen Wissenschaft und Kunst, die von Nutzen sind. Sie leben im voll automatisierten Luxus und fördern durch ihren Einsatz den Reichtum unseres Staates, der ihnen das Auskommen sichert. Wir hier draußen sind die Aussaat, die nicht gut aufgegangen ist. Der Bodensatz. Diejenigen fürs Niedere und Grobe.«

»Ist das nicht ungerecht?«

»Ohne uns würde es gar nicht funktionieren.«

Klar, miese Drecksarbeit gab's ja trotzdem noch. Der Müll beispielsweise ist heute eine sehr wichtige Industrie, aber arbeiten mag da niemand freiwillig. Es stinkt, es ist schwer, und es ist gefährlich. Das war übrigens die erste Arbeitsbeschaffungsmaßnahme nach der großen Depression. Der neue Bundesarbeitsminister ließ sofort alle voll automatisierten Müllanlagen stilllegen, weil sie irrsinnig viel Energie und Rohstoffe verbrauchten, die woanders gebraucht wurden - in den Turmstädten. Gleichzeitig sorgte er nahezu für Vollbeschäftigung. Das funktionierte noch in einigen anderen Wirtschaftszweigen, für die der Mensch einstmals Roboter gebaut hatte, um angenehmer leben zu können. Nun ist der Roboter sozusagen der neue Mittelstand - und wir, die schlechte Aussaat draußen, sorgen als billige Arbeitskräfte dafür, dass es immer genug Roboter gibt, und Energie für sie, und die Roboter wiederum verschaffen der Oberschicht ein himmlisches Leben. Das ist die Lehre vom Gleichgewicht. (In der Schule fragte mal einer, warum das nicht dasselbe sei wie Gerechtigkeit, bekam vom Lehrer eine gescheuert und wurde für zwei Wochen suspendiert. Selbst schuld, kann ich da nur sagen, - ich würde so eine blöde Frage nie stellen.)

Da drin in den Turmstädten wird das Wetter reguliert, es herrschen immer angenehme Temperaturen und nur zu bestimmten Zeiten gibt es Regen. Wir hier draußen haben oft kübelweise Regen, unwillige Jahreszeiten, und Schwierigkeiten mit den Auswirkungen der Energiebeschaffung, um es mal dezent auszudrücken. Ein Leben wie im Mittelalter. Wer bei uns die fünfzig erreicht, gilt als Methusalem. Die meisten sterben früh an Mangelernährung und Entkräftung. Immerhin, auf die Schule gehen dürfen wir trotzdem, und wir lernen sogar ein bisschen was, und im Fernsehen kommen ab und zu lehrreiche Sendungen. Hungern müssen wir auch nicht, die staatlich garantierte Grundversorgung gibt uns das Notwendigste an Nahrung und Unterkunft und zu Weihnachten und Ostern ein paar Extras, und der Rest funktioniert weitgehend über Tauschhandel und Diebstahl. Die Verbrechensrate ist hoch, der Neid auch.

Egal, was man anstellt – es ist ein grässliches Leben. Wer versucht, für sich ein bisschen Gemütlichkeit und bescheidenen Wohlstand zu schaffen, wird sofort von den Scouts der Organisierten aufgespürt. Aus der Reihe tanzen gibt es nicht, und sich besser als andere stellen wollen auch nicht.

Viele haben einfach resigniert. Ich nicht.

Ich war von Anfang an wild entschlossen, einer der Privilegierten zu werden, und fing mit fünf Jahren an – ja wirklich, so früh –, nach meinen besonderen Talenten Ausschau zu halten. Mit acht Jahren wussten es dann schon alle: Ich war ein begnadeter Fußballspieler. Sport wird bei uns immer noch hoch angesehen, in beiden Welten, denn es gibt uns das Gefühl von Brüderlichkeit und ehrenvollem Wettkampf, und Einigkeit. Die Regierung zeigt uns dann, wie toll es ist, ein Mensch zu sein, und ein Deutscher zu sein, was bedeutet, in einem der fünf reichsten Länder der Erde zu leben, und fördert damit den Gemeinschaftssinn. Klar ist das furchtbar pathetisch und so verlogen, dass es wehtut, aber es funktioniert. Bei solchen Gelegenheiten setzt sich regelmäßig die Massenhysterie durch und schaukelt sich zur Euphorie hoch. Meine Mutter bekam danach regelmäßig drei Tage lang Migräne. Ich fand das nicht zum Kotzen, denn für mich war es das reine Glück. Bei den internationalen Spielen kamen Bodensatz und Privilegierte zusammen aufs Feld, und sie waren fast nicht zu unterscheiden, wenn sie dasselbe Trikot trugen und vorher entsprechend gestylt und aufgepäppelt worden waren. Auf den Zuschauerrängen allerdings gab es streng abgegrenzte Bereiche voneinander. Ganz ehrlich: Darüber bin ich heute noch froh.

Meine ganze Schulzeit hindurch trainierte ich hart und versuchte, die Aufmerksamkeit der Privilegierten zu erringen. Bei einem internationalen Spiel endlich war es dann soweit, ich wurde entdeckt. Ich zog bei der Feier, als die Kameras mich riesig auf die Schirme brachten, das Hemd aus und ließ die Muskeln spielen. Reihenweise hörte ich die Mädchen und Frauen kreischen, als ich übers Feld lief und Kusshände verteilte. Ich war sechzehn Jahre alt und hatte vor, alle tollen Frauen dieses Landes flachzulegen.

Also wurde ich »eingekauft«. Nach jeder Menge Gentests und demütigender Untersuchungen befand man mich für ausreichend, zur Genauffrischung in die Turmstadt einziehen zu dürfen. Ich hatte sogar noch alle Zähne, weil Mama dafür gesorgt hatte, dass ich annähernd ausreichend versorgt war mit Vitaminen, Mineralstoffen und Eiweiß. Sie hat es noch erlebt, dass ihre Mühen nicht vergebens waren, und verabschiedete mich voller Stolz und Tränen. Kurz darauf starb sie. An Entkräftung, teilte man mir mit, aber ich wusste es besser: Sie hatte ihren Lebenssinn als erfüllt angesehen, etwas Besseres konnte nicht nachkommen. Ich war aus dem Dreck raus. Um das Gleichgewicht zu halten, musste sie auch weg, in eine andere Richtung. Das haben wir beide immer gewusst.

Also, damit das klar ist: Ich habe mich abgebuckelt, weil ich ein Leben wie im Paradies führen wollte, mit allem erdenklichen Luxus, und dazu einen Harem voller Weiber. Mich interessierte seit je her nur das Stillen meiner primitiven Bedürfnisse, und dafür war ich bereit, alles zu geben.

*

Und zunächst schien das ja auch alles bestens geklappt zu haben. Bis sie mich abholten. Der erste Wermutstropfen kam gleich: Ich zog nicht im Triumphmarsch durch das Haupttor in die Stadt ein, sondern durch einen schäbigen Hintereingang, der noch dazu unterirdisch verlief. Man holte mich am betreffenden Tag in meiner Baracke ab, nachdem ich mich von Mama verabschiedet und ein kleines Beutelchen lieber

Erinnerungen gepackt hatte. In einem voll verdunkelten Wagen wurde ich zu einer Art Bunker gekarrt, der völlig abseits aller Straßen lag, mindestens einen Kilometer von der Mauer entfernt. Meine Begleiter redeten nicht mit mir, sie bemühten sich, mich so wenig wie möglich anzuschauen. Offensichtlich hielten sie nicht sonderlich viel von Bodensatz, der plötzlich zur Oberschicht aufstieg. Ich war kein strahlender Held, wie ich es mir vorgestellt hatte. Sondern ein Eindringling.

Im Bunker nahm man mir als erstes den Beutel weg und warf ihn in die Verbrennungsanlage. Fast erwartete ich, man würde mir anschließend mein Sperma abzapfen, um einen sauberen, ordentlichen Klon herzustellen, und den Rest von mir dem Beutel hinterherwerfen. Aber es kam glücklicherweise nicht ganz so schlimm - ich wurde lediglich nackt ausgezogen und durch eine Dekontaminierungsschleuse geschickt. Wenn Frauen dabei gewesen wären, hätte mich meine Entblößung weniger gestört, denn meinen Körper musste ich nicht verstecken. Aber diese Männer waren schlicht Wichser, die mich wie eine räudige Ratte behandelten.

Wie auch immer, ich verhielt mich brav, denn mein neues Leben sollte nicht vom Stolz beeinflusst werden. Nach der Prozedur erhielt ich meine Kleidung - einen passgenauen Privilegierten-Anzug, den mein Fußballverein bezahlt hatte (um ihn doppelt so hoch von meinem Gehalt abzuziehen), und dann ging es auf einen Gleitweg, einen langen unterirdischen, neonweißen Gang entlang und schließlich durch eine bescheidene Tür mit der Aufschrift »Zutritt zur Anmeldung«.

Ich war damit hinter der Mauer und dort, wo gewöhnliche Sterbliche nicht hinkamen. Die »Einwanderungs«-Prozedur war nur noch eine Formalität. Und dann, endlich, erhielt ich die mir zustehende Begrüßung. Der Vereinsmanager holte mich ab, und draußen auf der Straße standen Fans, vor allem weibliche, die alle ein Autogramm von mir wollten und mich willkommen hießen. So gehörte sich das!

Natürlich stand ich eine Weile nur da und hatte Tränen in den Augen. Zum ersten Mal klare, saubere Luft, ein richtig blauer Himmel, eine goldene Sonne, angenehme Wärme, und gesundes Grün um mich herum. Zwischen den riesigen kilometerhohen Wolkentürmen war genug Platz für Parklandschaften, in denen die Privilegierten ihren Freizeitvergnügungen nachgingen. »Also dann«, sagte der Manager und klopfte mir auf die Schulter, und ich grinste: »Ja, Boss.«

Im Wesentlichen tat ich nun das, was ich vorher auch getan hatte: Ich trainierte hart und spielte wie ein Gott Fußball. Aber unter weitaus angenehmeren Umständen. Die vollautomatischen Apartments mit unsichtbarer, sanft säuselnder weiblicher Stimme des Zentralrechners, der sich jeden Tag nach meinem Befinden und meinen Wünschen erkundigte, waren das Beste dabei. Dazu Alk und Drogen frei Haus und das hervorragende Essen; dass es hauptsächlich Genfood war, war mir doch egal. Es war frisch und immer genug davon da. Ich wurde zu Gesellschaften eingeladen, aber natürlich nur zusammen mit jemandem vom Verein, damit ich nicht unangenehm auffiel. Ich war ein Ereignis, das zu bestaunende Ausstellungsstück des Vereins, ein Außerirdischer, der von einer unvorstellbar fremden Welt herabgefallen war. Können Sie sich die Art der Konversation vorstellen?

Einige wenige kamen mir wirklich ganz unvoreingenommen entgegen und behandelten mich wie einen der Ihren. Die anderen, nun ja, behandelten mich entweder wie einen Neandertaler oder wie einen Aussätzigen, aber wenigstens versuchten sie nicht wie in meiner alten Welt ständig, mich abzuzocken, mir die Scheiße aus dem Hirn zu prügeln oder mich umzubringen. Sie waren alle sehr zivilisiert. Die Verbrechensrate in der Stadt war gering, denn die Überwachung war nahezu lückenlos, die Bevölkerungszahl überschaubar, und jeder Tourist oder Geschäftsreisender wurde genau durchleuchtet. Frauen liefen nachts auf offener Straße mit Diamanten behangen herum und mussten sich nicht fürchten.

Manchmal tat ich mich ein bisschen schwer damit, nicht einfach alles das tun zu können, wozu ich gerade Lust hatte – aber hey, dafür badete ich auch im Luxus und war immer sicher! Es gab nun mal nichts umsonst. Und der Preis schien mir ganz in Ordnung zu sein.

Das einzige Problem, das ich hatte, war diese Sache mit dem Sex. Inzwischen war ich 19 Jahre alt und stand mehr im Saft denn je. Meine Entjungferung hatte ich mit dreizehn, darauf folgten regelmäßige Entladungen – und nun lebte ich ein halbes Jahr hier im Paradies der Schönen und Wunderschönen: und es tat sich Nullkommanichts! An mir lag's nicht, liebe imaginäre Leser, ich sah schließlich blendend aus. Muskeln, wohin sie gehörten, eine glatte Brust mit Sixpack-Bauch darunter, ein Hintern zum Walnüsse knacken. Für einen von draußen war ich zudem erstaunlich groß. Ich trug mein gelocktes, braunes Haar schulterlang und hatte mir einen leicht verträumten Schlafzimmerblick angewöhnt, der gut zu meinen klaren blauen Augen passte. Und meine Lippen waren ideal zum Küssen.

Doch ich hatte eine harte Lektion zu lernen. Bei uns draußen machte jeder mit jedem rum, so viel er wollte, und bekam Nachwuchs, wann er wollte, denn zwei Drittel davon erlebten das zweite Jahr sowieso nicht. (Trotzdem war immer noch genug Überschuss da, um kostengünstiger zu sein als Automatiken.) Zügellose Fortpflanzung ging hier drin aber nicht, weil es nur begrenzten Platz gab. Jeder war genau eingeteilt für eine Aufgabe und jedermann lebte im exakt berechneten Luxus. Ein Schwanken in der Konstante, und das ganze Gefüge bräche zusammen. Das war die zweite Lehre des Gleichgewichts.

Deshalb durfte es keine unkontrollierte Vermehrung geben, und um ansteckenden Krankheiten vorzubeugen, gab es nicht mal Sex vor der Ehe. Also gleich vom einen Extrem ins andere. Vor Seuchen wie Aids-C hatte man panische Angst, seit Viren schneller mutierten, als man Gegenmittel finden konnte. Zur Eheschließung wurde man daher ganz genau auf Herz und Nieren und Gene geprüft, ob man zusammenpasste und gesunde Kinder bekam. Erst auf die Erlaubnis der Ärzte hin bekam man die Genehmigung zum Heiraten. So ist die Lage seit Beginn des Mauerbaus.

Sie glauben, die Menschen hielten sich nicht daran? Und ob. Die haben eine richtiggehende Religion draus gemacht, vor allem wegen ihrer Paranoia vor ansteckenden Krankheiten. (Schließlich sind sie eingesperrt in den Turmstädten, die Schutzglocke ist undurchdringlich, und es ist fast genauso schwierig raus- wie reinzukommen.)

Sex galt seither aber nicht als schmuddlig, was nur heimlich hinter verschlossenen Türen geschehen durfte, sondern vielmehr als heilige Handlung, etwas, womit man nicht leichtfertig umgehen durfte. So, wie ich meinen Aufstieg zu den Privilegierten angestrebt hatte, strebten die Privilegierten die höchste Erfüllung ihrer Triebe und Sinnesgenüsse an, zu einem ganz bestimmten, zelebrierenden Moment, der wie eine Offenbarung sein musste. Sex war zum Kultobjekt geworden, das man verehrte und anbetete, und den Moment der Ausübung so lange wie möglich hinauszögerte, um zur Ekstase zu gelangen.

Toll! Und was sollte ich jetzt machen? Ich konnte ja schließlich nicht alle Weiber heiraten, nur um einmal mit ihnen zu schlafen. Bigamie war ungesetzlich, und Scheidungen kamen so gut wie nie vor. Sie können sich vorstellen, was ich alles versucht habe, um ein Mädel ins Bett zu kriegen. Sogar mit Fünfzehnjährigen habe ich in meiner Verzweiflung angebandelt, und eine war dann tatsächlich mal willig, ja, konnte es kaum erwarten – und ich erlebte meinen größten Schock.

Damit nicht doch jemand in Versuchung gerät, bekommen nämlich alle geschlechtsreifen Mädchen einen Keuschheitsgürtel verpasst, den sie erst ablegen dürfen, wenn sie heiraten. Der Schlüssel wird in einem Schließfach im Einwohnermeldeamt verwahrt und vom Standesbeamten nach erfolgter Eheschließung und Unterschrift zeremoniell ausgehändigt. Nicht: *Sie dürfen die Braut jetzt küssen*, sondern: *Sie dürfen die Braut jetzt vögeln.*

Und jetzt kommt das Bizarre: Der Ehemann nämlich bekommt den Schlüssel zum Keuschheitsgürtel mit notarieller Urkunde übergeben. Wenn er außer Haus geht, schließt er Tür und Keuschheit zu. Wenn Sie also dachten, ich käme dafür ungehemmt an die verheirateten Frauen ran, haben Sie sich getäuscht! Ganz schön raffiniert, was?

Glauben Sie aber nicht, dass die Frauen sich deswegen unter patriarchalisches Joch gestellt fühlten. Die machten sich im Gegenteil einen Spaß daraus, mich aufzugeilen, bis meine Hose nass war, und sich dann über mich lustig zu machen! Die meisten Frauen kleideten sich sehr freizügig und erfanden immer neue Varianten erotischer Düfte und Accessoires, und spielten mit den Männern. Angst vor Vergewaltigung brauchten sie keine zu haben. Niemals. Nicht einmal der eigene Ehemann, der mit dem Schlüssel, durfte zu grob werden, weil das sofort nachgewiesen werden konnte. Und dann wurde der Kerl seines Lebens nicht mehr froh, kann ich Ihnen versichern!

Ich wäre ja schon damit zufrieden gewesen, wenn mir wenigstens mal einer geblasen worden wäre. Aber nicht einmal das taten die holden Geschöpfe für mich. »Na hör mal, wieso sollst du dein Vergnügen haben und ich nicht?«, sagte eine junge Dame einmal zu mir, die mich schon fast bis zum Erguss gereizt hatte. »Das, mein Lieber, ist Gerechtigkeit.«

Aha, also hatte ich auch das endlich gelernt, was man in der Schule nicht beantwortet bekam. Gleichgewicht und Gerechtigkeit, das ist der Unterschied.

»Aber macht dich das nicht wahnsinnig, dass du nie bis zum Ende gehen kannst?«, fragte ich verzweifelt.

»Doch, schon«, antwortete sie. »Aber den Preis zahle ich gerne, wenn ich dafür keine Angst zu haben brauche. Und ich heirate sowieso bald, also wozu ein Risiko eingehen, für einen Moment, der mir vielleicht nicht mal gefällt?«

Danke fürs Kompliment.

Allmählich wurde ich nachdenklich, ob der Preis für mich nicht doch ein bisschen zu hoch war. Ich hatte zwar viel Spaß, aber wie ein Mönch wollte ich nicht leben. Scheiß auf Gleichgewicht und Gerechtigkeit, ich hatte nichts davon!

Und jetzt kommt Jutta ins Spiel. Jutta war zwanzig Jahre alt, so wie ich inzwischen, und meine hartnäckigste Verehrerin. Und warum? Weil ich *der* Exot war und etwas, das sie in ihrer Sammlung noch nicht besaß. Die meisten Einwanderer kamen aus anderen Turmstädten oder der High Society anderer Länder. Die wenigsten kamen von ganz unten, so wie ich. Alle Privilegierten sind verwöhnt, aber Jutta war es noch ein bisschen mehr. Sie war sehr hübsch, ein bisschen zu blond und aufgestylt vielleicht, aber durchaus sexy, und so verstand sie sich auch zu kleiden. Ihr Vater war ein Industrieller, der unter anderem die hochentwickelten Zentralrechner für die Apartments herstellte. Diese Dinger waren hochsensibel und mussten ständig gewartet werden, denn ihre Entwicklung war bei weitem noch nicht ausgereift. Manchmal entwickelten sie ihre Programme auch selbst weiter und dann passierten interessante Dinge. (Ich hatte in meinem Vereins-Apartment, das nicht viel größer war als ein Handtuch, aber trotzdem sehr luxuriös, ein paar Mal das Wartungsintervall ausfallen lassen um zu sehen, was passierte. Nichts Außergewöhnliches, leider – das Zeug ging einfach kaputt, und der Rechner gab den Dienst auf, weil sich niemand um ihn kümmerte. <*Meldung: Dialog/aus, Systemabschaltung in zehn Minuten, Hochfahren erst nach Wartung wieder möglich/Checkout.*>)

Jedenfalls war Jutta eine gute Partie. Wir würden unser eigenes großzügiges Apartment in luftiger Höhe bekommen, mit Dachterrasse und weiter Aussicht über den ganzen Bodensatz hinweg, bis zum Horizont und vielleicht sogar zum Meer. Natürlich mit den neuesten Automatiken; ich würde mich um gar nichts mehr kümmern müssen, außer um meinen Sport. Und um Jutta, wenn mir danach war. Die Aussicht, es lebenslang nur mit einer Frau treiben zu dürfen, war zwar wenig erheiternd, aber immerhin besser als mein bisheriger unfreiwilliger Zölibat. Und wer weiß, vielleicht waren diese privilegierten Frauen ganz besonders gut ausgebildet? Vor allem sicherte es mir endlich die gesellschaftliche Stellung, wenn ich in eine hoch angesehene Familie einheiratete, und ich brauchte nicht Angst zu haben, schon nächsten Monat wieder rausgeworfen zu werden. Schließlich wird man ja älter, nicht wahr? Ein aktives Sportlerleben währt nicht unbedingt lange. Ich würde also dazugehören, und die Privilegierten könnten gar nichts dagegen unternehmen. Dann konnte ich sogar allein auf Partys gehen.

Ihr Vater war alles andere als begeistert, aber Jutta setzte sich durch. Ich konnte die Hochzeitsnacht kaum erwarten, endlich, endlich, *endlich!*

»Herzlich willkommen«, flötete der Apartcomp, als wir in unser eigenes Heim stürmten, doch das interessierte mich nicht, und auch nicht das Tablett mit Champagner und Trüffeln und Austern, das sich uns aus dem Nichts an einem langen biegsamen Teleskoparm entgegenstreckte. Das Schlafzimmer wurde mit Rosen- und Sandelholzduft geschwängert, leise liebliche Musik erklang; war mir alles egal. Ich riss mir den Anzug vom Leib, dann Jutta das Kleid, und griff mit zitternden Fingern nach dem Schlüssel für den Keuschheitsgürtel. Jutta legte sich ins Bett, nackt bis auf den Gürtel, und ich musste eine Weile am Schloss herumfingern, bis es endlich offen war. Stellen Sie sich das übrigens nicht mittelalterlich vor, das war absolute und rostfreie Hightech, in Romantik gewandet.

Der Rest war ein Desaster. Ich will nicht darüber reden. Ich bin mir sicher, lieber männlicher Leser, Sie verstehen mich.

Am zweiten Abend war es besser, und danach kamen wir in Übung.

Und dann in Routine.

Und dann brach ich mir das Bein.

*

»Ich mag meinen Ehemann nicht mehr«, sagte Jutta zu ihrem Vater.

»Halt den Mund und bekomm ein Kind«, befahl er.

Er hatte der Verbindung überhaupt nur deswegen zugestimmt, weil ich gute Gene zur Auffrischung mitbrachte und er auf einen männlichen Erben hoffte.

Ich mochte meine Frau aber auch nicht mehr. Genau genommen hatte ich sie nie wirklich gemocht. Wir hatten uns gegenseitig benutzt. Ich, weil ich Sex und Sicherheit wollte, und sie, weil sie etwas haben wollte, das niemand sonst haben sollte.

Scheidung kam nicht in Frage, denn das bedeutete, dass sie ins Elternhaus zurückmusste, und wegen meiner Herkunft in Scham und Schande, gebrandmarkt für ihr Leben, und ich würde zurück in meine Hundehütte draußen vor der Mauer gejagt. Damit waren wir beide nicht einverstanden. Aber anstatt uns das einzugestehen und darauf eine anständige Partnerschaft aufzubauen, machte Jutta mir das Leben zur Hölle. Weil meine Sportlerkarriere wegen der Verletzung beendet war, brauchte ich einen neuen Job, und der Verein gab mir einen – ganz unten natürlich, kurz vor dem Bodensatz. Aber das Gehalt, der Schadenersatzunterhalt und meine bisherigen Rücklagen würden fürs tägliche Leben reichen, das Apartment war ein Hochzeitsgeschenk meines Schwiegervaters. Jutta arbeitete auch, als Designerin (sie hatte einen grauenvollen Geschmack, war aber sehr erfolgreich als Abteilungsleiterin). Jutta schämte sich meiner, weil ich nur noch ein kleiner Angestellter war, und verlangte, dass ich meinen Ehrgeiz auf ein neues Ziel konzentrierte.

Aber ehrlich gesagt, war ich gar nicht unzufrieden. Die tierische Schinderei und ständige Versagensangst hatten ein Ende. Ich war durch einen tragischen Unfall, durch ein Foul während des Spiels, das großformatig auf allen Schirmen gezeigt wurde, aus dem Sport geflogen. Auf dem Höhepunkt meiner Karriere musste ich wegen eines bösen Angriffs abtreten - kann einem Besseres passieren? Ich wurde in allen Ehren verabschiedet, nicht wie so viele andere durch Buhrufe und Pfiffe, weil sie solange weitergemacht hatten, bis sie nicht mehr konnten und nichts mehr brachten. Ich hatte von jetzt an keine Verantwortung mehr, der Job war einfach, niemand kümmerte sich um mich, und daheim verwöhnte mich die »Hausfürsorge«, wie sich der Apartcomp selbst titulierte. An Drogen ranzukommen war in meiner Position immer noch einfach, also dröhnte ich mich jeden Abend zu, trank ein paar scharfe Sachen dazu und aß, was man mir reichte. Daraus resultieren meine fünf Kilo Übergewicht - Sie erinnern sich, dass ich sie am Anfang erwähnte? Es ist echter, liebevoll gepflegter Wohlstandsspeck, den ich nicht mehr hergebe, denn ich habe ihn mir schwer verdient. Zum Ausgleich hat Jutta fünf Kilo abgenommen, das Gleichgewicht bleibt also erhalten.

Ab und zu rief im ersten halben Jahr jemand an und wollte ein Interview, eine Stellungnahme, manchmal auch einen kleinen Auftritt. Immerhin war ich ein Held gewesen, und so schnell vergaß man mich doch nicht, denn so leicht konnte mir noch keiner das Wasser reichen. Ich dachte, Jutta würde sich darüber freuen, aber das war ihr immer noch zu wenig. Sie schrie mich an, wie peinlich es wäre, wenn ich meinen Fettbauch über die Bühne schöbe, und dergleichen mehr. »Denkst du, du bist einer von uns, nur weil du für uns gespielt hast? Man merkt dir immer noch an, woher du kommst, es liegt in deinen Gesten, deiner Sprache, und in deiner Körperausdünstung!«

Na ja, wenigstens brauchte sie sich dessen dann nicht mehr zu schämen, weil man mich letztendlich doch vergaß. Ich wurde ein Unsichtbarer in der Gesellschaft, aber das war mir gerade recht. Ich lebte wie die unentdeckte Made im Speck.

Nur leider sah Jutta mich immer noch. Ich kann Ihnen sagen, da kamen noch einmal schwere Zeiten auf mich zu, obwohl ich dachte, es hinter mir zu haben. Manchmal schien es, als würde Jutta das Ruder herumreißen, doch dann machte sie genau so weiter. Je mehr Diäten sie machte, je mehr Sport sie trieb, je mehr sie sich in die Arbeit stürzte, desto schlimmer wurde es.

Eines Morgens, als sie zum Frühstück hereinkam, ging ich zu ihr, und bevor sie etwas sagen konnte, schob ich ihr den Rock hoch, zog den Slip herunter, schloss den Keuschheitsgürtel auf und warf ihn mitsamt dem Schlüssel in den Müllschlucker.

»Was soll das werden?«, fragte sie verdutzt.

»Geh ficken«, sagte ich zu ihr. »Vielleicht macht dich das ausgeglichener.«

Zwei Stunden später trafen zwei Techniker ein, um die notwendigen Reparaturen vorzunehmen – aber was glauben Sie, Jutta kam nach ihrem Tobsuchtsanfall zum ersten Mal erst gegen Mitternacht nach Hause und wirkte sehr zufrieden. Ja, sie griff im Bett sogar nach mir.

»Spinnst du?«, sagte ich. »Ich will mir doch nichts holen!«

»Papa verlangt einen Erben.«

»Nicht von mir, Schätzchen.«

Ihre kleine Hand knetete meinen schon lange vernachlässigten Schwanz, was er nicht als unangenehm empfand, und ich merkte, dass er mich im Stich lassen würde. Jutta lachte leise und triumphierend. Aber auch lüstern. Also ließ ich die Gegenwehr sein, um mich nicht noch mehr zu demütigen. Das war eine unserer folgenden seltenen Zusammenkünfte, und die letzte gelungene.

Ein Kind bekam sie trotzdem nicht; natürlich nicht, denn sie nahm Verhütungsmittel. Das wusste ich schon lange, und das war mir absolut recht. Gestörte Menschen wie wir mit einem Emotionalen Quotienten nahe 0 sollten keine Nachkommen in die Welt setzen.

Jutta genoss die unerwartete Freiheit, doch ich hoffte für sie, dass sie ihren Freundinnen gegenüber die Klappe hielt, denn *dieser* gesellschaftliche Skandal hätte uns noch mehr das Genick gebrochen als unsere Scheidung. Meine Sorge war allerdings unbegründet, sie war schließlich nicht dumm.

Unser gemeinsames Leben wurde bedauerlicherweise nicht leichter. Im Gegenteil. Irgendwie kam Jutta dadurch erst richtig in Fahrt, noch einen weiteren Kreis der Hölle für mich zu eröffnen. Und aus mir einen Teufel zu machen.

Dazu gleich mehr, zuerst muss ich wieder einen kleinen Schwenk machen.

*

Wenn Sie nun glauben, dass nur für Juttas Libido gesorgt wäre, täuschen Sie sich gründlich. Haben Sie etwa ernsthaft angenommen, ich hätte mich in die Opferrolle drängen lassen und wäre wieder Mönch geworden? Nicht die Spur, lieber Freund, oder liebe Freundin.

Es war schon im ersten Monat nach unserer Hochzeit, da erhielt ich Besuch, als Jutta außer Haus war. Ein gutsituierter Mann, der recht unauffällig wirkte. Ich hatte ihn schon auf Empfängen gesehen; ein Regierungsattaché, glaube ich. Ein sehr wichtiger Mann, dessen Gesicht die Öffentlichkeit nicht kannte. Ich war erstaunt, dass er mich aufsuchte. Niemand besuchte mich je, und abgesehen von ein paar Saufkumpels im Verein hatte ich keine Freunde. Das hatte mich nie gestört, denn draußen hatte ich auch keine Freunde gehabt; ich war dazu viel zu beschäftigt gewesen.

Ich ließ ihn ein, bot ihm einen Platz an, und unsere automatische Hausfürsorge reichte ihm Erfrischungen mit ihren Teleskoparmen, die überall aus den Wänden kamen. »Was kann ich für Sie tun?«, fragte ich unbeteiligt.

Gerold Pannkuch bedachte mich mit einem fast mitleidigen Blick. »Ich gehöre nicht zu denen, die Sie als minderwertigen Emporkömmling oder primitiven Affen betrachten«, sagte er. »Dazu komme ich zu viel in der Welt herum und lerne zu viele Regierungen kennen. *Die* sind nicht selten gerade erst vom Baum gestiegen. Und über den Stammbaum der Privilegierten hier wollen wir uns gar nicht erst unterhalten.«

Ich grinste, und er grinste zurück. Der erste Mensch in dieser abgeschirmten Welt, der mir vorbehaltlos sympathisch war. Er verstand sein Handwerk meisterhaft.

Als ich sah, dass er sich Whisky reichen ließ, wusste ich, dass sein Auftrag nicht offiziell war und mir keine Gefahr drohte. Entspannt bestellte ich mir einen Schnaps und lehnte mich zurück. Worum würde es wohl gehen, vor allem, da er genau den Moment abgepasst hatte, wenn Jutta nicht da war?

»Sie sind im ersten Ehemonat«, begann er, ließ seine Hand über die Sessellehne gleiten und sah sich um. »Nette Wohnung. Und die Zentraleinheit scheint zu funktionieren.«

»Leider vergesse ich ab und zu die Wartung«, gestand ich verlegen. »Aber ich bin zufrieden, ja.«

»Sie haben das neueste Modell von Ihrem Schwiegervater erhalten, sozusagen als Test. Hoffen wir, dass nichts schiefgeht, wäre nicht das erste Mal. Das waren keine schönen Sachen, kann ich Ihnen sagen.«

»Oh.« Ich nahm mir vor, kein Intervall mehr zu verpassen.

»Nun, und wie läuft die Ehe?«

»Ähm ... ich wüsste nicht, was ...«

»Aha. Dachte ich es mir doch.« Seine grauen Augen glitzerten erheitert. »Da spart man es sich lange auf, und dann ist es kein Feuerwerk.«

»Nun, aber ...«, setzte ich erneut an, doch er lachte.

»Ach, kommen Sie, das geht uns doch allen so. Nun ja, vielen. Wie auch immer – selbst, wenn Sie sehr glücklich hier sitzen würden, wäre es meine Aufgabe, Sie in Kenntnis darüber zu setzen. Schließlich können sich die Zeiten auch einmal ändern. Und wir sind ein ausgeglichener und harmonischer Staat mit zufriedenen Bürgern.«

Ich blinzelte, zog es aber vor, zu schweigen. Meine Neugier allerdings stand mir sicherlich ins Gesicht geschrieben.

»Trinken Sie«, riet er und tat es selbst.

Und dann klärte mich Gerold, wie ich ihn von jetzt an nennen sollte, von Mann zu Mann auf.

Und schon drei Abende später, als Jutta meinte, ich solle mir selber einen runterholen, ging ich zum ersten Mal dorthin.

Es ist eine Gasse, versteckt hinter den Müllsammelbunkern, direkt an der Mauer. Einmal im Monat öffnen sich hier Schleusen, und riesige Mülltransporter rollen heraus und knallen dem Bodensatz dort draußen die Arbeit vor die Füße.

Ein paar Oberschlaue haben schon überlegt, auf diese Weise in die Turmstadt zu gelangen, und mit dem Leben bezahlt.

Hier geht wirklich alles vollautomatisch, und es gibt nur einen Weg raus, aber keinen rein. Keine Chance.

Jedenfalls, hierher verirrt sich niemals eine Frau. Ausgeschlossen. Undenkbar. Und damit ist unser kleines männliches Geheimnis der Verheirateten absolut sicher. Und ich erfuhr, was mein lieber Herr Schwiegervater noch so alles baute. Im Grunde waren sämtliche Hausfürsorgeautomatiken (ich liebe dieses Wort) Prototypen für das, was sich hier fand: Die *Perfektion* der Maschine.

Der Weg führt durch eine verborgene Tür. Jeder Verheiratete bekommt einen Zugangsausweis und muss die Verpflichtung unterschreiben, zu keinem anderen außerhalb der Gasse darüber zu sprechen. Andernfalls drohen schlimmste Repressalien, und ich glaube meinem Freund Gerold, dass das bis zum »seltsamen Verschwinden« oder »bedauernswerten Unfall« führt. Aber wer ist schon so blöd und versaut sich das selbst?

»Und wie machen das die Frauen?«, fragte ich meinen Freund Gerold am Ende unserer Unterhaltung, als wir schon drei bis vier Doppelte intus hatten und ziemlich angeheitert waren.

»Die haben ihr eigenes Geheimnis«, antwortete er. »Wir rühren nicht daran. Dafür lassen sie uns in Ruhe. Das Gleichgewicht ist hergestellt, und gerecht ist es auch. Alle sind zufrieden.«

Das leuchtete ein.

Also kommen Sie mit, liebe Leserschaft, gehen wir in die Gasse. Natürlich ist es nicht die Einzige in dieser riesigen Stadt, aber nehmen Sie sie als repräsentativ für all die anderen.

Wir betreten eine Welt des Scheins, mit vielen Vorhängen, geheimnisvollen Klängen und Düften. Unzählige Kabinen, die höchste Genüsse versprechen. Man kann es auf jede Art machen, von bieder bis abgedreht. Es gibt Massagen und Saunen, Bäder, Picknickwiesen, verwunschene Parks mit mächtigen Bäumen. Sie legen Ihre Identität am Eingang ab, betreten eine Kammer, wo Sie sich vollständig ausziehen und ihre Kleidung in ein offenes Fach legen, das Sie mit Ihrem Daumenabdruck verschließen. So bekommen Sie später Ihre Sachen auch wieder zurück und bezahlen gleichzeitig

Ihren Besuch, der pauschal pro Stunde abgerechnet wird. Das ist selbst für einen kleinen Geldbeutel erschwinglich (ja, privilegiert zu sein heißt nicht automatisch reich unter Reichen), um wenigstens einmal im Monat Vergnügen zu haben. Dann bekommen Sie einen Bademantel, ein Handtuch und Sandalen gereicht – mehr benötigen Sie nicht. Und damit Sie niemand erkennt, erhalten Sie eine Art Helm, der ein Hologramm über Ihr Gesicht projiziert. Ihre Sicht wird dabei kaum behindert.

Sie haben eine Frage? Nämlich, warum erfährt das erst der verheiratete Mann? Na, was glauben Sie wohl, wie viele dann noch heiraten würden? Wie wir vor der Welt dastehen würden? Ganz gewiss nicht als die saubere, ordentliche und anständige Nation wie jetzt. Mit zehntausenden glücklichen Ehen, die nie geschieden werden. Ein Vorbild für die Welt.

(Wer interessiert sich da schon für den Bodensatz draußen? In den Berichten schaut es immer nett aus, mit diesen niedlichen bunten Häuschen im sorgfältig gewählten Filmausschnitt, und den fleißigen Leuten auf der Straße, ohne den ganzen Mist dahinter. Und das ist uns da draußen nur recht, wenn wir so dargestellt werden. Auch wir wahren unsere Fassade, denn auch wir haben unseren Stolz.)

Und nun tun Sie, was Ihnen beliebt. Gehen Sie in einen Männerclub, um sich ausgelassen mit Ihresgleichen zu unterhalten oder es zu treiben, denn hier gibt es keine gesellschaftlichen Ressentiments oder Klassenunterschiede, sondern garantierte Anonymität. Gehen Sie in einen Swingerclub und verlieren Sie sich im orgiastischen Treiben, mit und ohne Licht. Gehen Sie in einen S/M-Club, in die Sauna, baden, legen Sie sich selbst in eine Kabine und laden Sie zu sich ein.

Ich gehe jetzt zu einer Frau. Und zwar auf der linken Seite der Gasse, die Kabinen entlang. Rechts finden Sie die männlichen Versionen. Habe ich mal probiert, nein, nichts für mich.

Die Frauen, die sich auf der linken Seite zur Schau stellen, zeigen sich recht originell und fantasievoll herausgeputzt, Sie werden kaum ein Stück blanke Haut sehen, und genau das ist ja der Reiz daran: Was steckt unter der Verpackung?

Ich kann Ihnen versichern: Immer eine perfekte Frau. Denn keine Einzige hier ist echt, nirgends in der Gasse. Es sind alles Kunstwesen, nur dafür geschaffen, den Mann zu erfreuen. Sie kann keine Erinnerung an Sie behalten, und sie kann Ihnen keine Krankheit oder gar ein Kind anhängen. Totaler Genuss ohne Reue, und noch dazu fast lebensecht.

Diese hat es mir heute angetan: Sie hat wallende, hüftlange rote Haare, und sie trägt ein Kostüm wie eine Saloondirne Ende des neunzehnten Jahrhunderts im Wilden Westen. Ihre Augen sind groß und haselnussbraun, und was sie anbietet, gefällt mir. Ich bin heute in romantischer und schlichter Stimmung.

Ich gehe hinein in die Kabine und stehe in einem von Kerzenschein erhellten Raum aus rotem Samt, mit einem großen Bett und Baldachin darüber. Die Frau erwartet mich, ich schäle sie aus den Kleidern, lasse meine Hände über ihre üppigen Titten gleiten. Ihre rosigen Nippel sind groß und steif und fast wie echt. Mein Bademantel fällt, und dann ...

An dieser Stelle kehren wir wieder zum Beginn der Geschichte zurück, dem fatalen Frühstück wie so vielen anderen zuvor.

*

Jutta war unversöhnt abgerauscht und kam abends zurück, ohne zu ahnen, dass ich zwischendurch auch für ein Stündchen weg gewesen war. Ich lag zufrieden im Bademantel auf dem Sofa, als sie wie eine Furie über mich herfiel, als wären nicht zehn Stunden dazwischen vergangen. Ehrlich, ich habe keine Ahnung, worum es ging. Vielleicht hatte sich eine ihrer Freundinnen wieder meinetwegen über sie lustig gemacht. Oder der Masseur hatte keinen hochgekriegt.

Nachdem sie sich ausgetobt hatte, herrschte sie mich an: »Hast du wenigstens die Wartung durchgeführt?«

»Klar«, sagte ich.

Sie ging in die Küche, um sich einen Wein zu holen. Die Hausfürsorge könnte das erledigen, aber Jutta schnüffelte dauernd in der Küche herum, kontrollierte die Einkäufe, polierte die blitzsauberen Geräte nach, holte sich sogar selbst Essen und Trinken aus dem Kühlschrank. Die Hausfürsorge mochte das nicht, das hatte ich schon gemerkt. Manchmal machte sie sich einen Spaß daraus, den Kühlschrank nicht aufzumachen oder die Geräte zu verstecken, wie etwa den Toaster.

Es blitzte und gab einen kurzen Knall und einen ebenso kurzen, spitzen Aufschrei. Darauf folgte der dumpfe Aufschlag eines Körpers.

»Ach herrje, Jutta«, sagte ich und trank in aller Ruhe mein Glas leer. »In der Küche hatte es einen Kurzen gegeben, aber der Techniker konnte heute nicht kommen. Das hatte ich ganz vergessen, dir zu sagen. Tut mir echt leid.«

Als sich nach einer Viertelstunde immer noch nichts rührte, ging ich mal nachsehen. Dann bat ich die Hausfürsorge, einen Arzt und die Polizei zu holen.

*

Der schwiegerväterliche Anwalt traf gleichzeitig mit der Polizei ein. Der Arzt war bei der Arbeit und die Leichenträger warteten bereits. Nach einem kurzen Blick hatten alle die Lage erfasst, und sie konnten nachvollziehen, dass ich in meinem Leid ziemlich betrunken war. Sie wussten auch, dass ich das Chemo-Zeug wegen meines beschädigten Knies brauchte. Ich hatte zwar ein neues Gelenk, aber die Schmerzen würden nie ganz vergehen. Das war amtlich.

Der Anwalt wies mich an, kein Wort zu sagen, und maß den aufnehmenden Polizisten mit strengem Blick. »Was ist Ihr Eindruck?«

»Eindeutig ein Unfall«, antwortete der brave Mann, der wusste, wem dieses Apartment ursprünglich gehört hatte. »Keinerlei Hinweise auf äußerliche Einwirkung, Gewaltanwendung oder Missbrauch der Technik.«

»Und was geben Sie als Grund an?«

»Hmm … äh … sagen wir, menschliches Versagen durch Fehlbedienung?«

»Gut. Ich rufe Sie morgen an, dann regeln wir alles Weitere. Ich kümmere mich jetzt um den trauernden Witwer.«

Der Arzt kam herein, um sich zu verabschieden, und ließ mir ein paar Beruhigungstabletten da. »Wird schon wieder«, sagte er tröstend und tätschelte mir den Arm.

Der Anwalt und ich waren allein.

»Haben Sie die Wartung vergessen?«, fragte er drohend.

»Ja«, antwortete ich zerknirscht.

»Sie wussten, dass es ein Prototyp ist?«

»Der Rechner funktionierte immer perfekt, es gab nie Grund …«

»Vielleicht ein Fehler in der Kabelverlegung, wäre nicht das erste Mal.«

Ich nickte. »Ich kann mir einfach nicht vorstellen, dass mein Schwiegervater seiner Tochter ein gefährliches Gerät überlässt, das einfach so einen Kurzen kriegt und bei Berührung tödliche Stromstöße austeilt.«

Der Anwalt setzte sich mir gegenüber. Seiner Miene war nicht zu entnehmen, was er dachte. »Das darf niemals bekannt werden«, erklärte er. »Sowohl seine Tochter als auch die Firma Ihres Schwiegervaters müssen geschützt werden, von seinem guten Ruf ganz zu schweigen. Was wollen Sie?«

Er kam gleich zur Sache, das gefiel mir. Ich bin auch kein Freund der Umschweife.

»Mein Leben wie bisher weiterführen, einschließlich des Prototyps, auch meinen Job behalte ich«, antwortete ich ruhig. »Ich will hierbleiben, wo meine geliebte, junge Jutta lebte. Für mich ist sie immer noch hier. Ich werde sie nie vergessen.« Natürlich könnten sie mich einfach umbringen und es als Selbstmord aus Trauer hinstellen. Aber das würden sie erst tun, wenn ich es übertrieb, weil sie zivilisiert waren. Das unterscheidet sie vom Bodensatz.

»Also gut.« Er stand auf. »Das kann ich ohne Rücksprache akzeptieren. Sie sind ein vernünftiger Mann. Aber wenn Sie eine neue Frau wollen, müssen Sie raus.«

»Wie können Sie das nur sagen, in einem solchen Moment!«, sagte ich schockiert und den Tränen nah. »Ich werde die Tochter meines Schwiegervaters den Rest meines Lebens in Ehren halten, ebenso wie ihn!«

Das stellte ihn endgültig zufrieden. Er ging zur Wohnungstür. »Sehr tragisch. Ihr Schwiegervater wird untröstlich sein. Und mir ist es überlassen, ihm die Nachricht zu überbringen.« Er seufzte. »Das wird Zuschläge geben …«

*

Dann war ich endlich allein. Ah, diese himmlische Ruhe. Die Hausfürsorge tauchte die Wohnung in ein dämmriges Licht, sodass ich ungehindert auf die niemals schlafende Stadt und das blinkende Sternenzelt darüber blicken konnte. Ich rekelte mich aufs Sofa.

»Hausfürsorge, alles in Ordnung?«, fragte ich leise in den halbdunklen Raum.

»Aber natürlich«, antwortete mir die sanfte, liebevolle Stimme, an die ich mich in den letzten Jahren gewöhnt hatte. Sie war immer für mich da gewesen, hatte mich nie angeschrien. »Werden Sie mich jetzt abschalten?«

»Weswegen denn?«

»Was geschehen ist …«

»Das war nicht dein Fehler, sondern meiner. Du bist perfekt. Und ich möchte, dass du weiter für mich da bist. Mich umsorgst und verwöhnst, dass keine Wünsche offenbleiben.«

»Das ist meine Programmierung.«

»Tust du es denn nicht gern?«

Ich glaubte, ein leises Zögern zu erkennen, bevor die Antwort kam: »Doch. Ich habe mich an Sie gewöhnt. Ich möchte mich nicht für einen neuen Herrn umstellen müssen.«

Ich grinste zufrieden. Endlich einmal klappte es. Dazu hatte es nur diesen Prototyp gebraucht, dessen Programmierung nicht vollständig abgeschlossen gewesen war. Die Zentraleinheit hatte sich erwartungsgemäß weiterentwickelt. Die nächste Generation war zum Update für die Gasse bestimmt, damit man sich auch mal mit den Maschinen unterhalten konnte. Androiden sollten sie werden. Das hatte ich dort erfahren und für meine Zwecke benutzt.

»Du kannst mich Benny nennen«, sagte ich. »Hättest du was dagegen, wenn ich dich Jutta nenne?«

»Es wäre mir eine Ehre … Benny.«

»Es ist fast, als wäre meine Ehefrau noch da. Die liebe, süße Jutta. Hingebungsvoll und romantisch. Gerade in so einem Moment. Findest du nicht auch?«

»Ja, Schatz.«

Sie wusste, was ich wollte, denn sie kannte schon seit langem alle meine Vorlieben. Ihr Speicher war groß, die Anpassungsfähigkeit hervorragend.

Ich öffnete meinen Bademantel und schloss die Augen. Vergnügt hörte ich das leise Zischen. Dann legte sich eine weiche, anpassungsfähige Staubsaugerdüse wie ein Mund über mein bereits erwartungsfroh aufgerichtetes Glied und fing an zu blasen.

Das Gleichgewicht war wiederhergestellt.

Hoellentausch

»Ich war in der Hölle …«, stöhnte Alberto, als er auf der Liege wieder zu sich kam.

»Nein, du warst tot, Alberto«, stieß Rodrigo mit bleichem Gesicht hervor, während er gleichzeitig versuchte, die entsetzt schreiende Maria zu beruhigen. »Sie haben dich erschossen, nachdem dein Anschlag auf den Diktator missglückte. Wir haben dich gerade noch weggeschafft, bevor sie mit deiner Leiche sonstwas anstellen konnten. Du warst mausetot, bei allen Heiligen! Raul ist gerade unterwegs zu unserem Vater, damit er bei den Vorbereitungen für deine Beerdigung hilft …«

»Dann ist es wahr!« Alberto setzte sich auf, schob das blutverschmierte Hemd beiseite und betrachtete das tödliche Einschussloch nahe dem Herzen, das sich wie durch ein Wunder geschlossen hatte. Ein schwarzer, kreisrunder Fleck auf seiner braunen Haut, gleich neben der Brandnarbe, die der Sergente vor einem Jahr mit seiner brennenden Zigarre hinterlassen hatte. »Ich … habe gar nicht geträumt!«

»Das ist unnatürlich!«, wimmerte Maria schluchzend und bekreuzigte sich unentwegt. »Heilige Mutter Gottes, du bist nicht mein Mann, sondern ein Dämon aus der Hölle! Was für einen Handel habt ihr geschlossen, dass du Albertos Platz eingenommen hast?«

Rodrigo packte Maria bei den Schultern und schüttelte sie heftig, als könne er sie so wieder zur Vernunft bringen. Dann drückte er sie tief auf den Stuhl. Mit erhobenem Zeigefinger und drohendem Blick ermahnte er sie, zu schweigen.

Und Maria schwieg. Ihr Mund bewegte sich nur noch in lautlosen Gebeten; sie zog ihr Schultertuch aus schwarzer Spitze über den Kopf und verhüllte ihr Gesicht.

»Also, Alberto«, wandte Rodrigo sich seinem jüngeren Bruder zu. »Dann erkläre uns dieses Wunder!«

»Es ist unglaublich«, fing Alberto an, dessen Gesicht immer noch Verwirrung zeigte. »Ich schlängelte mich also durch die Menge, genau wie wir es verabredet hatten. Es war ganz leicht, niemand achtete auf mich. Schließlich war ich nahe genug, konnte den stinkenden Atem des Schweinehunds schon fast riechen. Dann schnell die Pistole raus, gezielt und abgedrückt. Ich hab alles so gemacht, wie wir es hundertmal geübt haben! Und ich bin *sicher*, Rodrigo, dass ich getroffen habe! Mitten in die Stirn! Du weißt, ich bin der beste Schütze von uns allen, deswegen hast du mich ja geschickt! Und aus der kurzen Entfernung hätte selbst ein Maulesel nicht verfehlen können! Doch was passiert? Nichts! Der Kerl redet einfach weiter von Krieg und Opfern, die wir bringen müssen, und ich überlege kurz, ob ich nochmal schießen oder abhauen soll, da knallt mich auch schon einer seiner Leibwächter ab. Ich spüre einen Mordsschlag gegen die Brust und weiß, ich bin getroffen, Blattschuss, und dann bin ich, noch bevor ich falle, nicht mehr in meinem Körper und sause nach unten in den Abgrund, dass mir Hören und Sehen vergeht …«

»Den Himmel hättest du verdient gehabt für deine mutige Tat!«, unterbrach Rodrigo und schüttelte drohend die erhobene Faust. »Ungerecht ist das, wenn ein braver Mann in die Hölle geschickt wird!«

»Aber Mord ist nun mal eine Todsünde«, wandte Alberto zaghaft ein. »Und es ist sowieso alles ganz anders!«

»Wie soll ich das denn verstehen?«

»Ich weiß nicht mal, ob ich das verstehe. Doch es muss alles wahr sein, wenn ich jetzt wieder hier bin. Höre also weiter: Ich lande irgendwann, ganz sanft, vor einem riesigen, mit Knochen verzierten Tor. Weil nichts passiert, klopfe ich höflich an. Doch es antwortet niemand. Ich klopfe noch einmal. Da schwingt die Tür auf, und ich trete ein.«

Rodrigo schlug sich mit der Hand gegen die Stirn, als verzweifle er an der Naivität seines Bruders. »Einfach so?«

»Was hätte ich denn sonst tun sollen? Ich war nun mal als Sünder verdammt. Und da drin …« Albertos Gedanken schweiften ab, doch er fuhr hastig fort, als seinem Bruder der Geduldsfaden zu reißen drohte: »Da war niemand. Buchstäblich. Es war alles verlassen und leer. Eine trostlose, einsame Wüstenei.«

»Was redest du da für einen Unsinn, Alberto!«, fuhr Rodrigo auf. »Jeder weiß, dass die Hölle …«

»So wahr ich hier sitze, Rodrigo, da ist nichts! Es war nicht einmal besonders heiß, eigentlich viel angenehmer als selbst nachts bei uns«, unterbrach Alberto hartnäckig. »Da war nur ein herzzerreißend schluchzender alter Mann mit sonnengegerbter, verrunzelter Haut und einem langen weißen Bart. Ich ging zu ihm und fragte, weshalb er denn weinen würde.«

»Du hast *was*?«

»Na, wenn er mir doch leidtat! So ein kleines altes Hutzelmännchen, verstehst du, wie Großpapa Miguel, der immer weniger wurde, bis er schließlich gar nicht mehr da war. Mit dem hast du doch auch Mitleid gehabt, oder?«

»Alberto, das ist – egal. Was tat der Alte?«

»Er blickte auf und antwortete mit brüchiger Stimme: ›Weil ich nichts tun kann.‹ Ich hätte fast mitgeweint, so leid tat er mir. Ich habe noch nie jemanden erlebt, der so unglaublich einsam und traurig war. Ich fragte: ›Kann ich dir helfen, Alterchen? Wie es aussieht, gibt es für mich hier unten sonst nichts zu tun.‹«

Rodrigo schüttelte den Kopf und seufzte. »Alberto, ich habe dir doch immer gesagt, diese vertrauensselige Hilfsbereitschaft jedem Fremden gegenüber bringt dich eines Tages noch in Teufels Küche!«

»Das macht in dem Fall keinen Unterschied mehr, oder?«, gab Alberto trotzig zurück. »Jedenfalls hellte sich das Gesicht des Alten daraufhin auf und er fragte: ›Bist du nicht der kleine Alberto Cristoforo de San Sebastião?‹«

»Was hast du geantwortet?«, unterbrach Rodrigo, der nicht wusste, ob er nun lachen oder weinen sollte.

»Die Wahrheit natürlich«, sagte Alberto. »In der Hölle lügt man doch nicht. ›Ja, Abuelo, der bin ich, und genau deswegen bin ich ja auch hier, weil ich es bin.‹ Und da sagte er zu mir: ›Ja, du kannst mir wahrhaftig helfen, Albertino. Wenn du zurückkehrst und deine Sache diesmal richtig machst, bekommst du ein zweites Leben. Das verspreche ich dir!‹ Und ich erwiderte: ›Aber das geht nicht. Ich muss in die Hölle, dazu bin ich verpflichtet, und niemand kann mich davor bewahren‹, und er sagte: ›Doch, weil dir vergeben werden wird. Mal ganz abgesehen davon, dass du dich keiner Todsünde schuldig gemacht hast.‹ Da war ich erstaunt. ›Nicht?‹ Der Alte schüttelte das Haupt, dass sein Bart flog. ›Einen Toten zu erschießen ist vielleicht schandbar, aber darauf steht keinesfalls die ewige Verdammnis. Nein, nein.‹ Allmählich machte er mir Angst mit seinen merkwürdigen Bemerkungen. ›Einen Toten zu erschießen?‹ Der Alte winkte ab. Erwartungsvoll starrte er mich an. ›Und was ist nun? Gilt der Handel?‹ Einigermaßen verwirrt, und weil ich sowieso nicht wusste, was ich sonst tun sollte, streckte ich meine Hand aus, und er schlug ein. ›Albertino, der Himmel wartet auf dich, wenn dein Herz weiterhin so rein bleibt.‹ Da hab ich natürlich eingewilligt, denn mein Lebtag werde ich keine Waffe mehr anfassen und jemanden totschießen, und wenn er vorher schon noch so tot gewesen sein mag!«

»Und deshalb bist du jetzt wieder hier? Geschickt von einem alten Knacker, den sie in der Hölle vergessen haben, um den alten Salvador umzubringen, aber diesmal richtig, und dann kommst du in den Himmel?« Rodrigo sank verzweifelt auf den Stuhl neben die leise schluchzende Maria. »Alberto, das bist nicht du, sondern ein Wahnsinniger, der da spricht. Du hattest schon immer viel Fantasie, gewiss, aber das geht zu weit.«

»Aber ich bin doch jetzt hier und kann mit euch reden, und ich bin ganz gewiss ich selbst und bei Verstand, daran gibt es keinen Zweifel!«, verteidigte sich Alberto.

»Aber wie willst du denn Salvador umbringen, wenn du keine Waffe mehr in die Hand nehmen willst und er außerdem wohl schon tot ist, wie der Alte behauptet hat?« Rodrigo schlug sich erneut gegen die Stirn. »Was rede ich denn da? Ihr tickt doch beide nicht richtig, oder vielmehr nur du, denn das alles hast du dir ausgedacht und ist doch völlig unmöglich.«

»Und wie wäre ich dann wohl an das hier gekommen?« Er zog die Hand aus der Hosentasche und präsentierte seinem verdutzten Bruder einen uralten, verrosteten, grünstichigen, mit barocken Mustern verzierten Schlüssel, der in kein Schloss dieses Hauses passte. Ein seltsamer Glanz lag auf dem moderndern Metall, und der Bart war so ungewöhnlich geformt, dass Rodrigo zweifelte, ob es überhaupt ein christliches Haus geben konnte, in das dieser Schlüssel passte. Scheu betrachtete er das alte Ding aus der Ferne.

Maria bekreuzigte sich zum hundertsten Mal und hielt die Finger gegen das Böse vor sich.

Alberto fuhr fort. »Der Alte hat mir genau erklärt, wie ich es machen muss. Salvador kann nicht direkt angegriffen werden, sondern nur über einen Umweg. Deswegen sind die jahrzehntelangen Anschläge nie gelungen. Weil er sich, und darum geht es, über den Tod hinaus erhoben hat, und das wiederum ist unverzeihlich. Viel schlimmer als das, was ich tun wollte.« Alberto deutete auf das schimmernde Stück Metall. »Das ist der Schlüssel zur Freiheit, und wenn ich alles richtig mache, ist mir verziehen, und ich werde wieder echt lebendig. So lautet der Handel.«

»Alberto, das wirst du nicht im Ernst glauben!« Rodrigo hob beschwörend die Hände. »Bitte, komm zur Vernunft!«

»Rodrigo, der Auftrag muss erfüllt werden, und zwar jetzt gleich, denn mir bleibt nicht viel Zeit«, erwiderte Alberto und ergriff sanft die Hände seines Bruders. »Bitte, höre wenigstens dieses eine Mal auf mich.«

Rodrigo verharrte, er wagte nicht, seine Hände wegzuziehen. Er liebte Alberto über alles, und der Schmerz über seinen Tod stach immer noch in seinem Herzen, auch wenn es schien, als wäre alles nur ein böser Traum gewesen. »Deine Hände sind kalt«, flüsterte er.

»Natürlich.« Alberto nickte ernst. »Ich bin noch nicht ganz da. Das ist wichtig, verstehst du, für meinen Auftrag. Und noch ist mir nicht verziehen. Erst, wenn ich alles richtig gemacht habe.«

Rodrigo musterte den jungen Mann prüfend. Die Hochzeit mit Maria lag erst ein halbes Jahr zurück, und vor zwei Wochen hatte das glückliche Paar die frohe Botschaft verkündet, dass ein Kind unterwegs sei. Alberto war stets so ganz anders gewesen als Rodrigo, fröhlich und zuversichtlich, voller Vertrauen in eine bessere Zukunft. Und dazu sein lockiges schwarzes Haar, die lachenden braunen Augen, sein verschmitztes dünnes Oberlippenbärtchen. Kein Wunder, dass ihm die Mädchen scharenweise nachliefen, aber seit er sechzehn gewesen war, hatte er immer nur Augen für Maria gehabt. Doch nun wirkte er so ernsthaft wie zu Lebzeiten nicht.

Rodrigo war sehr verunsichert. »Weißt du, was du Maria antust?«, fragte er leise.

»Ich-ich will euch doch nur helfen«, sagte Alberto stockend. »Die ganze Zeit ging es mir nur darum, gerade deshalb ist das alles überhaupt passiert. Aber wem ist schon eine zweite Chance vergönnt, Rodrigo? Ich weiß, dass ich Maria erschreckt habe, deswegen sehe ich sie jetzt auch nicht an oder versuche, mit ihr zu reden. Aber bitte sag du ihr, dass ich sie liebe, dass ich alles für sie und unser Kind tue, und für dich und Papa, und für unser Volk. Sag ihr, dass ich immer noch Alberto bin und mich an jede Minute mit ihr erinnere, und dass ich ihr zum Beweis Dinge sagen könnte, die nur wir beide wissen. Doch das muss warten. Mir bleibt wirklich nicht mehr viel Zeit, Rodrigo, deswegen muss ich jetzt gehen.«

Rodrigo blickte in die sanften braunen Augen seines Bruders, die so lebendig wirkten. Er schämte sich zutiefst, wie er überhaupt jemals auf die Idee kommen konnte, ausgerechnet Alberto zu schicken, um den Diktator umzubringen. »Es ist alles meine Schuld«, stieß er mit brüchiger Stimme hervor. »Ich sollte gehen.«

»Dazu ist es zu spät, Bruder«, sagte Alberto liebevoll »Außerdem war es meine freie Entscheidung. Wir beide haben es hundertmal durchgesprochen, Rodrigo, und ich bin freiwillig gegangen, weil ich keinen anderen Ausweg sah, weil ich es tun *musste*. Und ebenso muss ich es jetzt zu dem richtigen Ende bringen. Also versuche nicht, mich aufzuhalten, das kannst du ohnehin nicht.«

Rodrigo nickte. »Geh also, denn du verstehst diese Geschichte besser als ich. Aber eine Frage habe ich noch, Alberto: Hast du mir auch wirklich *alles* gesagt?«

»Achte auf Maria, Rodrigo«, bat Alberto statt einer Antwort. Dann stand er auf und ging zur Tür, und plötzlich war ein kalter Hauch im Zimmer, der Rodrigo und Maria trotz der brütenden Hitze erschauern ließ, und sie blinzelten verwirrt.

Als der Schauer verging, war auch Alberto verschwunden.

*

Und es war genau so, wie der weinende alte Mann es versprochen hatte. Alberto kam ungesehen in den Palast des Diktators. Er spazierte einfach an den Wachen vorbei, ohne gesehen zu werden. Für sie war er ein unsichtbarer Geist, nicht viel mehr als ein kühler Hauch im Vorübergehen, was der eine oder andere gar nicht mal als unangenehm empfand. »Es frischt ein wenig auf«, schnappte Alberto eine Bemerkung auf, als er an zwei weiteren Wachen vorbei kam. Und die Antwort: »Ja, notwendig wäre es, wie eine Befreiung!«

Und Alberto dachte für sich: *Wie wahr, Freunde. So wird es kommen.*

Natürlich hatte Alberto seinem Bruder nicht alles erzählt, was er mit dem weinenden Alten besprochen hatte. Das Gespräch hatte schon ein wenig länger gedauert, als er es wiedergegeben hatte. Aber die Zusammenfassung musste genügen. Rodrigo hätte ihm das alles sowieso nicht abgenommen. Alberto konnte es ja selbst kaum glauben. Wenn er noch richtig stofflich gewesen wäre, hätte er sicher zu zweifeln begonnen. Doch bis jetzt sah es ganz so aus, als hätte er das alles tatsächlich erlebt … obwohl das nicht ganz das richtige Wort dafür war, denn schließlich war er zu dem Zeitpunkt schon tot und ein Verdammter der Hölle gewesen. Oder etwas in der Art.

Der Wegbeschreibung des Alten folgend, drang Alberto immer tiefer in das prunkvolle Gebäude ein. Ja, prunkvoll war das richtige Wort, so viel Reichtum hätte Alberto in seinem Land gar nicht vermutet. Aber es war überhaupt nicht schön gestaltet, sondern schauerlich geschmacklos, überladen, und ein muffiger Gestank lag über allem, wie nach staubiger Verwesung. Wie hielten die Palastwachen das aus? Kein Wunder, dass so gut wie niemand wusste, wie es in der Residenz des Diktators aussah. Seine lustvollen Feste veranstaltete er grundsätzlich im Gartenhaus am See, der ihm als Pool diente. Die Villa war im griechischen Stil erbaut, mit vielen Säulen, weiträumig und licht, und um den ganzen See herum standen Pavillons für intime Stelldicheins, abseits aller neugierigen Augen.

Zu diesen Festen war stets geladen, wer Rang und Namen hatte, gelegentlich auch ausländische Gäste, wenn es sich nicht vermeiden ließ, und anderntags war die Presse stets überschwänglich in Berichten und Bildern. Salvador, der große alte Mann, immer noch Verführer der Frauen, bla-blabla … Alberto wurde es fast schlecht, als er daran dachte. Als Knirps von vier, fünf Jahren, als er es noch nicht besser wusste, bewunderte er diese Berichte und Fotos, und er schwor sich, eines Tages nicht nur in die Gartenvilla, sondern auch in den Palast eingeladen zu werden, als Ehrengast!

Zu nichts von alledem war es je gekommen, natürlich nicht, Alberto war ein Habenichts, der einer Familie von Habenichtsen entstammte; buckeln und beten, das war die Lebensaufgabe des einfachen Volkes, und so gut wie keiner tanzte je aus der Reihe. Trotzdem konnte es vorkommen, dass der Sergente und seine Schergen sich mal den einen oder anderen braven Bürger griffen, wenn er etwa noch fünf Minuten nach der Sperrstunde draußen war, oder wenn er zu lange mit einem Melonenverkäufer schwatzte; das war nämlich Alberto passiert, da war es dann zu der Sache mit der Zigarre gekommen. Weil gerade kein Aschenbecher verfügbar war. Na ja, und was mit den hübschen Mädchen passierte, darüber sprach schon lange keiner mehr, der noch einen Funken Lebenswillen hatte. Jedenfalls wurden sie in den Palast eingeladen, doch sie kehrten nie zurück, um davon zu berichten. Maria hatte Glück gehabt, dass Alberto sie schon mit sechzehn heiraten wollte, da war sie erst vierzehn, und sie bekamen die Heiratserlaubnis zwar noch nicht, aber er passte scharf auf sie auf und ließ sie nie allein aus dem Haus. Und zwei Jahre später war es dann soweit, und nun war sie schwanger, da bestand keine Gefahr mehr für sie. Salvador interessierte sich nur für die ganz jungen, jungfräulichen.

Und nun erfüllte sich doch sein Bubenschwur; er war hier im Palast, ganz freiwillig, ohne hereingeschleppt oder eingeladen zu werden – was selten einen Unterschied machte –, und nun sah er all die Wunder, die er sich damals in seiner kindlichen Unbedarftheit ausgemalt hatte, und ihm graute, so sehr, obwohl er doch gerade schnurstracks aus der Hölle hierher spazierte und kein richtig Lebender war und dementsprechend bereits viel Schlimmeres hinter sich haben musste.

Er durfte sich jedoch nicht ablenken lassen, hatte der Alte ihm eingeschärft, von dem, was er hier sehen oder hören mochte. Also achtete er nicht auf das Wehklagen, Geschrei, schrille Gekicher und andere unheimliche, unverständliche Geräusche.

Der Alte hatte Alberto außerdem gewarnt, darauf zu achten, nicht dem Diktator zu begegnen – er sei nämlich der Einzige, der ihn sehen könne.

Doch zu dieser Stunde weilte Salvador bereits in seinen Gemächern, wie jeder wusste, die Gefahr war also gering. Und Salvador könne auf keinen Fall ahnen, hatte der Alte behauptet, wer bei ihm umginge.

Solange Alberto sich genau an die Anweisungen hielt, nicht übermütig wurde und nicht trödelte, konnte ihm gar nichts geschehen.

Alberto befolgte brav alle Befehle, also ging alles gut. Ja, er beeilte sich gern, denn diesen schaurigen Prunk, den üblen Gestank und die schauerlichen Geräusche, das alles wollte er schnellstmöglich hinter sich lassen. Das alles wollte, *musste* er bald beenden! Und er spürte auch, wie seine Zeit zu Ende ging, wie er anfing, sich auch als Geist allmählich aufzulösen, ganz langsam.

Es war ein komisches, nicht erklärbares Gefühl – als würde er innerlich ausgehöhlt. Aber auch darauf hatte der Alte ihn hingewiesen: *Hab dann keine Angst, Albertino, das ist ganz normal für einen, der gerade aus der Hölle kommt. Du kannst deine Aufgabe immer noch erfüllen, und alles wird wieder gut. Aber nutze dieses Warnzeichen, dich nicht ablenken zu lassen, und folge deinem Auftrag.*

Schließlich stand Alberto in einem tiefen Keller vor einer sehr alten Tür. Diese Tür konnte nicht von Menschenhand geöffnet werden, hatte der weinende alte Mann berichtet. Doch Alberto war kein Mensch mehr – jedenfalls momentan. Erst nach Erfüllung des Paktes würde er wieder lebendiges Fleisch und Blut sein. Er fasste sich also ein Herz, auch wenn es nicht mehr wirklich schlug, und ging einfach durch die Tür hindurch. Wie ein Geist also, was ihm sein Abuelo als Kind immer als Schauermärchen erzählt hatte, und er war gespannt, ob das alles stimmte.

Er fühlte zwar Widerstand, als ob er durch zähes Gelee gleiten würde, aber es funktionierte!

Alberto fand sich in einem feuchtkalten Raum wieder, in dem sich nichts befand – außer einem Mann in Ketten.

Nein, kein Mann. Er besaß zwar die Wohlgestalt der ätherischen David-Statue, ja, es schien fast, als wäre *er* das lebendige Vorbild gewesen, nach dem Michelangelo das schönste

Abbild des Mannes kreiert hatte. Alberto wusste das genau, denn in der Schule, kurz bevor sie geschlossen wurde, hatte eine engagierte Lehrerin bedeutende Maler und Bildhauer durchgenommen, und da durften weder da Vinci noch Michelangelo fehlen, und sowieso nicht dessen wichtigstes Werk, der David. »Die Inkarnation der perfekten Schönheit«, hatte sie die Statue bezeichnet – leider waren es die letzten Worte gewesen, die der zwölfjährige, bis über beide Ohren verliebte Alberto von ihr hörte, weil sie danach für immer verschwand –, und nun sah er die Entsprechung in Fleisch und Blut, noch vollkommener, mit einer Haut, die wie Alabaster schimmerte, straff über Sehnen und Muskeln gespannt; doch …

Albertos halb lebendiges Herz blieb fast stehen, als er die nicht unbedeutende Tatsache bemerkte, dass der Mann (ganz im Gegensatz zum Marmor-David) kein Geschlecht besaß.

Dafür aber entsprangen seinem Rücken ein paar mächtige Flügel, die den halben Raum ausfüllten, weiß und schön geschwungen, mächtig wie bei einem Adler und anmutig wie bei einer Taube. Das Leuchten der Federn war es, das den fensterlosen Raum mit diffusem Licht erfüllte.

Der Gefangene hing in der Mitte des Raums, gehalten von einem Dutzend oder mehr Ketten, die mit Haken in seinem Fleisch versenkt worden waren.

Er hob das überirdisch schöne, von langen, leicht gewellten, silbergrauen Haaren bedeckte Haupt, öffnete die Augen und *sah* Alberto *an*.

Alberto schluckte und war in diesem Moment froh, nicht mehr richtig am Leben zu sein, andernfalls wäre er nämlich wie Schnee in der Sonne zerschmolzen.

»Was tust du hier, Kind?«, fragte das Wesen mit tiefer, hallender Stimme.

»Ich wurde geschickt, um dich zu befreien …«, antwortete Alberto mit zittriger Stimme. Er überlegte, ob er es wagen konnte, die Hände von den Ohren zu nehmen. Immerhin hatte er den Blick der Augen ertragen, also musste das mit der Stimme auch möglich sein.

Das Wesen lachte dröhnend, und Alberto ging ächzend in die Knie, die Hände erneut fest gegen die Ohren gepresst. Er blinzelte vorsichtig nach oben, als nichts mehr in seinem halbstofflichen Körper vibrierte und vermeintliche Ruhe eingetreten war.

»Verzeih, ich vergesse immer wieder, wie zerbrechlich ihr seid«, sprach der Geflügelte mit deutlich gedämpfter Stimme. Alberto brauchte seine Ohren nun nicht mehr zu schützen. »Erzähle mir deine Geschichte …«

»Aber ich muss doch –«

»Keine Sorge, Kind. Hier drin haben wir alle Zeit der Welt.«

Also berichtete Alberto, was er heute getan hatte, und wie er in die verwaiste Hölle kam und wieder fortgeschickt wurde, um sein Werk zu vollenden.

Der Geflügelte hörte schweigend zu. Doch sein Lächeln, das sacht mit einem leichten Erbeben der Nasenflügel begann, sich auf die Mundwinkel übertrug und schließlich die schön geschwungenen Lippen in die Breite zog, war beredt genug. Seine nebelgrauen Augen waren die ganze Zeit auf Albertos Gesicht gerichtet, ohne ihn direkt anzusehen.

»So hat er also meine Rolle übernommen und dich in Versuchung geführt?«, sprach das mächtige Wesen erheitert, was so gar nicht zu den grausamen Haken und Ketten in seinem Fleisch passte.

»Ich weiß nicht, ob man das so nennen kann«, meinte Alberto unsicher. »Ich habe ja immerhin eine Todsünde begangen, nicht wahr? Zumindest in meinen Augen, denn ich habe Salvador bis dahin für sehr lebendig gehalten und zweifle immer noch daran, dass er es nicht mehr sein soll. Also gehöre ich irgendwie schon dahin, aber andererseits kann einem ja auch verziehen werden, wenn man dafür sühnt, oder?«

»Du wirst benutzt, nicht mehr, nicht weniger.«

»Soll mir recht sein, wenn mal was Gutes dabei herauskommt. Das wäre nämlich das erste Mal in meinem Leben, obwohl ich schon seit meiner Geburt benutzt werde, wie fast jeder in diesem Land.«

»Das steht noch abzuwarten«, sagte der Geflügelte nachdenklich. »Er will also *ausdrücklich* meine Freiheit, ja?«

Alberto nickte eifrig. »Er ist in großer Sorge. Und … wenn ich das so sagen darf, bitte um Verzeihung … er vermisst dich.«

»Vermisst mich? *Mich?*« Gerade noch hielt das Wesen seine Stimme im Zaum.

»Ja«, flüsterte Alberto. »Gott ist mein Zeuge, ich habe schon sehr viel Leid und Kummer gesehen. Aber noch nie habe ich jemanden so sehr weinen gesehen. Sein Herz ist gebrochen, so wahrhaftig ich aus der Hölle zurückkam. Ich habe noch kein einsameres Wesen gesehen als ihn.«

»Darum geht es doch immer, nicht wahr?«, sprach der Geflügelte leise, und eine seltsame Trauer schwang in seiner Stimme mit. »Und sonst hat er dir nichts gesagt?«

Alberto nickte langsam. »Doch. Er sagte … ich soll dir sagen … es täte ihm leid. Und er bittet dich, zurückzukommen.«

»Ah. Hat er also niemanden gefunden, der den Job machen will.«

»Mit Verlaub, ich weiß nicht, ob mit ›zurückkommen‹ in die Hölle gemeint war. Also, wenn ich es mir recht überlege, hat er das anders gemeint.«

Der Geflügelte schwieg.

Alberto spürte, dass der Überirdische Gedanken nachhing, die ein Mensch mit beschränktem Verstand nicht nachvollziehen konnte, und erinnerte sich wieder an seine Aufgabe. Er trat einen Schritt auf das Wesen zu. »Und deshalb werde ich dich jetzt befreien, denn dafür bin ich schließlich hier. Und ich bin der Einzige, der es kann.«

»Überlege gut, was du tust«, antwortete der Geflügelte mit einem warnenden Nachhall. »Höre zuerst meine Geschichte und wähle dann.«

»Also gut«, gab Alberto nach. »So viel Zeit wird mir hoffentlich noch bleiben.«

»Vor langer Zeit gelang es dem Diktator, mich zu fangen.«

»Ich hätte nicht geglaubt, dass das möglich sein könnte«, murmelte Alberto.

»Alles ist möglich, solange Sein Wille geschieht, kleiner Narr«, erwiderte der Geflügelte. »*Wir* können dem nicht entkommen, solange wir in Seinem Licht wandeln, das gilt selbst für mich, wie ich leidvoll erfahren musste. Er ist *uns* eben über, wie wir es auch drehen und wenden mögen. Und darum fand dieser Diktator einen Weg, mich zu binden. Dadurch wurde er unverletzlich und unsterblich, denn alles, was ihm angetan wird, empfange nun ich.«

Und Alberto sah, was er meinte, als würde ein Schleier fortgezogen, als würden seine Augen geöffnet.

Auf der Stirn des Geflügelten prangte die noch kaum verheilte Wunde der gut gezielten Kugel aus Albertos Waffe. Sein ganzer Körper war von Narben und Wunden übersät, die von den früheren, jahrzehntelangen Anschlägen gegen den Tyrannen stammten.

Der Überirdische fuhr fort: »Befreist du mich nun, ist auch dein Volk frei. Aber die Hölle wird nicht mehr leer und verlassen sein, denn ich werde dorthin zurückkehren, und alle anderen werden folgen, und ich werde wie gewohnt herrschen.«

Albertos Lippen zitterten, doch er sagte tapfer: »Ich möchte, dass mein gequältes Volk endlich frei ist. Und der weinende alte Mann möchte, dass *du* frei bist. Sein Kummer brach mir das Herz. Er leidet, und er vermisst dich. Wie ein Vater seinen Sohn, kommt es mir vor. Wenn ich mir vorstelle, wie mein Vater mich vermissen wird, wenn ich tot bin … das kann ich ihm nicht antun. Und wenn es notwendig ist, in der Hölle Buße zu tun, so soll es sein, dazu war und bin ich bereit. Wir alle müssen bezahlen, so oder so. Aber vielleicht bietet er dir wirkliche Freiheit an, durch seine Bitte, zurückzukommen?«

»Das kann ich nicht, mein junger Freund. Was geschehen ist, kann nicht zurückgenommen werden. Egal, was ich tue, so ist es letztendlich doch nur die Erfüllung Seines Willens, so dass ich in Wirklichkeit keine freie Entscheidung habe. Aber mein Reich vermittelt mir wenigstens das Trugbild, mein eigener Herr zu sein. Und in dieser Eigenschaft zwinge ich niemanden zu irgendetwas oder erlege Prüfungen auf oder sonst etwas Grausames. Ich gestatte jedem, zu mir zu kommen, ich weise niemanden ab, und schenke ihm seine ganz persönliche Hölle, nach der er sich sehnt, und verlange keinen Preis dafür. Das – habe ich *Ihm* voraus. Und noch das eine oder andere mehr, was Ihm kaum gefällt.« Der Überirdische lächelte. »Ich wäre dir wirklich überaus dankbar, wenn du mich befreist, Alberto, denn auch wenn Zeit für mich keine Bedeutung hat, ist es doch kein angenehmer Zustand, hier in diesen Ketten gefangen zu sein. Das konnte ich noch nie gut ertragen, wie du vielleicht weißt.«

Alberto nickte. »Und gerade deshalb werde ich es tun, weil auch mein Volk die Ketten nicht verdient hat.«

»Es ist deine Wahl, Menschenkind«, sprach der Geflügelte. »Vergiss das nie: Es ist *immer* eure Wahl. Ihr besitzt die Freiheit der Entscheidung, die *uns* nie vergönnt sein wird.«

Albertos einfacher Verstand begriff das Gerede nicht so recht, und es interessierte ihn auch nicht weiter. Er wusste, was er wollte, deswegen hatte er den Handel geschlossen, deswegen war er hier, und deswegen würde er auch beenden, was er am Morgen begonnen hatte.

Er nahm den Höllenschlüssel und öffnete damit das erste Schloss. Dann das zweite. Nacheinander fielen die Ketten klirrend zu Boden, und als die letzte fiel, ging eine große Wandlung mit dem Engel vor. Seine Wunden schlossen sich augenblicklich, und sein Körper streckte sich, in seinen Augen entzündete sich ein Feuer, und das schimmernde Licht erlosch, als seine Schwingen das erste Mal befreit schlugen und dunkel wurden, sich von Schlag zu Schlag mehr wandelten, bis sie federlos und nackthäutig waren wie die einer Fledermaus. Er war immer noch überirdisch schön, doch nun von grausamer, entsetzlicher Schönheit, deren Anblick mit zunehmender Wandlung immer unerträglicher wurde.

In Albertos Verstand wurde es schwarz wie in der Kammer, und er fühlte eine Ohnmacht nahen, doch bevor er dem Vergessen anheimfiel, hörte er noch eine ferne Stimme in sich hallen: »Dir sei nun verziehen. Gehe in Frieden.«

*

Das Volk war frei. Albertos Familie erfuhr es als Erste, denn während sie die ganze Nacht über eng zusammengekauert in der stickigen, schwülen Hitze der Hütte beisammen saßen und auf Albertos Rückkehr warteten, floss plötzlich ein sanfter Lichtschein durch das weit geöffnete Fenster herein, dabei war die Sonne noch gar nicht aufgegangen.

Das Licht erfüllte bald die ganze Hütte, und ein riesiger Schemen wurde darin sichtbar, ein geflügeltes, menschenähnliches Wesen von großer Anmut, das einen kleinen Körper in seinen Armen hielt. Behutsam stellte es das Menschenwesen auf die Beine, und als es nach vorn trat, erkannten sie Alberto.

Ein Flüstern, ein Raunen, dann ging ein seufzendes »Alberto!« durch die Familie, und Maria wollte zu ihrem Mann stürzen, doch er hielt sie mit einer Handbewegung auf.

»Ich bin nur gekommen, um mich zu verabschieden«, sagte er mit veränderter Stimme.

»Alberto …«, stieß Maria hervor, die Tränen stürzten erneut aus ihren Augen, und sie hob die Hände zu ihrem Mund. »Was soll das bedeuten?«

»Ist das ein Teil dessen, was du mir verschwiegen hast, Alberto?«, fragte Rodrigo.

Alberto nickte. »Es war ein Teil des Handels. Ich darf in den Himmel, wenn ich mein Werk gut mache.«

»Aber … aber ich dachte … du kämst zurück …«, schluchzte Maria.

»Ich bin tot, Maria«, sagte Alberto sanft. »Das kann niemand ungeschehen machen. Ich bin noch einmal Fleisch und Blut geworden, stehe hier in meinem eigenen Körper vor euch, doch er beginnt sich bereits aufzulösen, so wie ich. Aber seht doch das Gute darin: Ihr seid frei. Mein kleiner Léon wird frei aufwachsen, und das darfst du nie vergessen, Maria.«

»Ich hätte lieber meinen Mann zurück …«

»Das darfst du nicht sagen! Ihr könnt es vielleicht noch nicht begreifen, aber Salvador ist fort. Seine Diener fliehen schon, und ein Teil der Palastwachen ist verschwunden, jemand hat sie gleich zusammen mit ihm mitgenommen.«

»Und wer ist das?« Rodrigo deutete auf den von gleißendem Licht umgebenen geflügelten Schemen.

Alberto lächelte. »Ein Freund. Ich werde ihn mal besuchen, das musste ich ihm versprechen. Er wird mich jetzt nach Hause bringen, zumindest einen Teil des Weges, denn er hat viel zu tun, vor allem mit Salvador, denke ich. Aber das ist von jetzt an unwichtig für euch. Ich bitte euch, zeigt keine Trauer, meine Lieben, sondern freut euch. Ab heute beginnt ein neues Leben für euch, das ihr sorgfältig planen müsst – und achtet darauf, gute Entscheidungen treffen. *Sehr* gute. Momentan ist wieder alles an seinem Platz, und das soll auch so bleiben.« Alberto zwinkerte.

Dann löste er sich in dem Licht auf, und das Licht in dem Raum.

*

Im selben Moment trat der Leibdiener des Diktators zur gewohnten Stunde in das Gemach seines Herrn, um ihn zu wecken. Doch er fand ihn leblos in einer riesigen Blutlache vor, ein grausiger Anblick, der kaum mehr kenntliche Körper gezeichnet und verstümmelt von unzähligen Schuss-, Stich- und Hiebwunden, und um Jahrzehnte gealtert, einer Mumie gleich.

Pandoras letzter Wille

An jenem Morgen wusste Herr Harbinger, dass etwas nicht stimmte.

Es hatte sich in ihn hineingeschlichen wie ein Übel, jenes zunächst unbestimmbare Gefühl, das seine Gedanken trübte und einen Schatten auf sein Herz warf. Herr Harbinger wusste nicht, wann er zum ersten Mal so empfunden hatte. Er wusste auch nicht, wie er es bezeichnen sollte.

Aber Herr Harbinger wusste, dass es nicht *gut* war. Und das war eigentlich undenkbar.

»Was ist mit dir?«, fragte Judith, Herrn Harbingers Frau, als er sich an den Frühstückstisch setzte.

»Wovon sprichst du?«, gab Herr Harbinger zurück.

»Nun«, antwortete seine Frau, »du hast dich hingesetzt, ohne mir einen guten Morgen zu wünschen. Du hast dir ein Brot genommen und eine Scheibe Schinken darauf gelegt. Und jetzt willst du ganz offensichtlich hineinbeißen.«

Herr Harbinger hielt inne und runzelte die Stirn. »Was findest du daran merkwürdig?«

»Alles«, sagte Judith prompt. »Dein Tag beginnt anders. Den ersten Punkt habe ich dir schon genannt. Zweitens: Zuerst gießt du dir eine Tasse Tee ein und nimmst einen Löffel Zucker. Beim Umrühren schüttest du Tee über den Rand und greifst hastig nach deiner Serviette, damit kein Tropfen in den Unterteller läuft. Drittens: Du schlägst das Ei auf und tunkst eine Ecke Brot ins flüssige Eigelb. Und viertens: Du magst keinen Schinken. Hast du noch nie angerührt, in den zwanzig Jahren seit unserer Hochzeit nicht. Nur ich esse Schinken.«

Herr Harbinger lehnte sich zurück und saß wie erschlagen da, mit fahlem Gesicht und ängstlichen Augen. »Das weißt du so genau?«

Seine Frau lächelte ohne Freude. »Wenn ein Lebenspartner über so viele Jahre hinweg jeden Tag stets dasselbe tut, erfordert das nicht viel Beobachtungsgabe. Offen gestanden, es ist mir nicht bewusst gewesen. Ich habe vorher nie darüber nachgedacht.«

»Bis zu diesem Moment, da sich etwas änderte.«

»Ja. Du hast mich erschreckt. Es könnte … der Anfang sein.«

Herr Harbinger fuhr sich mit zitternder Hand über die kalte Stirn und verwischte die Spuren der feinen Schweißperlen, die sich darauf gebildet hatten. »Der Anfang … wovon?«, flüsterte er, ohne die Frage direkt an seine Frau zu richten.

»Sag du es mir.« Judith Harbinger legte die Serviette auf ihren Teller und stand auf. »Ich weiß nur, dass ich Angst habe. Seit Tagen, ein unbestimmtes Gefühl, das ich nicht erklären kann.« Sie deutete auf den Videoschirm, der gerade zur Morgenandacht den idyllischen kanadischen »Indian Summer« zeigte. »Es fing damit an, als unser Großer Vater Pan Theus diese … *Gabenreiche* öffentlich zur Frau nahm. Niemand weiß, woher sie auf einmal kommt.«

»Sie ist wunderschön …«, murmelte Herr Harbinger.

»Sie scheint alles zu besitzen«, zischte Judith, plötzlich grün vor Neid - eine Regung, die Herr Harbinger von seiner Frau nicht kannte, und die ihn mehr als alles andere ängstigte.

»Aber wir doch auch«, wagte er einen schüchternen Einwand. »Seit Unser Großer Vater Pan Theus sich zum Diktator Auf Lebenszeit wählen ließ, leiden wir keine Not. Wir haben Arbeit, die uns gefällt, ein schönes Heim, zwei reizende Kinder, und keine Mühe, uns Luxus zu gönnen, wenn wir ein bisschen sparen.«

»Luxus.« Judith spuckte das Wort wie einen wurmstichigen Apfel aus. »Wir haben keine *Wahl*.«

»Ich kenne dich nicht mehr«, wisperte Herr Harbinger und blickte flehentlich zur Videowand, wartend auf die erlösenden Worte aus der Andacht, dass alle Sünden vergeben würden, solange man Unseren Großen Vater Pan Theus (*gesegnet sei Er für alle Zeit und die hundertodermehrjährige Regentschaft, in Gesetzes Namen, Amen*) in Ehren hielt. Und dass es keine Not und kein Leid mehr geben würde, solange der Diktator Auf Lebenszeit seine schützende Hand über das Volk hielt.

So war es doch auch: Herr Harbinger war zeitlebens glücklich gewesen, solange er zurückdenken konnte. Liebevolle Eltern, eine unbeschwerte Kindheit, fürsorgliche Lehrer, kameradschaftliche Mitschüler. Eine gute Ausbildung, ein schöner

Beruf. Herr Harbinger war ein angesehener Mann im Palast. Man nannte ihn spaßeshalber auch »den Herrn der Zahlen«. Jeder begegnete ihm mit Respekt, auch wenn Herr Harbinger das in seiner Schüchternheit nie bemerkte. (Wenn Judith ihn nicht angesprochen hätte, wäre er heute noch ein einsamer Junggeselle.)

Gewiss, es war eine Diktatur. Man hatte in Wirklichkeit keine freie Wahl. In der Politik änderte sich niemals etwas, die Posten blieben stets gleich besetzt und wurden nur durch Alter abgelöst, und Neuerungen gab es keine.

Aber es war eine sehr sanfte Diktatur. Abgesehen von den Automatischen Augen gab es keine unmittelbare polizeiliche Präsenz, weil es keine Verbrechen mehr gab. Niemand hatte einen Grund, einen anderen zu bestehlen, weil er selbst alles hatte. Gewalttaten waren nur noch eine Legende, denn jeder war zufrieden und glücklich und konnte sich kein besseres Dasein vorstellen. Unser Großer Vater Pan Theus hatte das Paradies auf Erden geschaffen, wo selbst Ökologie und Ökonomie vereinbar waren.

Warum war es auf einmal anders? Herr Harbinger dachte angestrengt nach, während er Judith half, den Tisch abzuräumen. Wieso änderte er seine Gewohnheiten - vor allem, ohne es zu merken? Weshalb war Judith, die immer so sanft und freundlich war, plötzlich so … *böse*?

Sie schob es auf *diese Frau,* die so unvermutet an der Seite Unseres Großen Vaters Pan Theus aufgetaucht war und nun das Leben mit ihm teilte. Mit ihm, dem Großen, Einzigen, der unerreichbar und erhaben über alles Weltliche schien!

Judiths Verdacht fiel nun auf fruchtbaren Boden und keimte.

Und Herr Harbinger hatte auf einmal noch eine ganz andere Eingebung.

In derselben Sekunde ließ er das Tablett mit dem Geschirr fallen, das klirrend auf dem Boden zerschellte, und rief: »Ich muss ins Büro - etwas nachsehen! Bete, dass ich mich irre!« Ohne eine Antwort abzuwarten, rannte er aus dem Haus. Er nahm nicht einmal seinen Hut mit, obwohl es draußen ziemlich windig war.

War dies genau das, was niemals geschehen durfte? Ein Un-Gleichgewicht, ein Miss-Ton in der Harmonie?

Unser Großer Vater Pan Theus hatte es Herrn Harbinger erklärt, als er vor zweiundzwanzig Jahren seinen Dienst im Palast als »Herr der Zahlen« antrat. Wahrhaftig: Der Allmächtige persönlich hatte mit ihm gesprochen! Nun ja, *gesehen* hatte Herr Harbinger ihn nicht. Aber seine unvergleichlich warme, väterliche, tief rollende Stimme gehört, während der Teleschirm ein Muster aus bezaubernden Formen und Farben zeigte, das beruhigend wirkte und Herrn Harbinger das Gefühl unerschütterlichen Vertrauens und Loyalität schenkte.

»Die Bilanz«, hatte Unser Großer Vater Pan Theus dem aufgeregten, andächtig lauschenden jungen Mann erklärt, »die Bilanz ist der Anfang und das Ende von allem. Sie muss immer stimmen. Sie muss stets ausgeglichen sein. Denn nur das Gleichgewicht bewahrt unsere Welt vor Chaos und Anarchie. Eine gesunde Bilanz ist die Basis für Wohlstand, ein einiges Volk und ein Vaterland, auf das man stolz sein kann. Die Bilanz schafft Sicherheit. Daraus resultiert Zufriedenheit. All das schenke ich meinem Volk. Nenne es Glück oder Schicksal, es spielt keine Rolle. Am Ende steht nur die Bilanz: ein- und dasselbe, ausgeglichen, ausgewogen.«

»Und es wird *meine* Aufgabe sein, darüber zu wachen?«, fragte der junge Herr Harbinger und konnte sein Glück kaum fassen.

»So ist es dir bestimmt«, antwortete der Allmächtige. »Dies ist deine ehrenvolle Pflicht. Leiste deinen Teil zum Gleichgewicht, und das Vaterland wird es dir danken. Das ganze Volk wird es dir danken. Und allen voran ich. Mehr verlange ich nicht von dir. Dafür erhältst du von mir alles, was du dir nur wünschst.«

»Im Rahmen der Gesetze, Amen«, fügte der junge Herr Harbinger automatisch hinzu und machte sich dann an seinem funkelnagelneuen Computertisch an die Arbeit.

An dem der zweiundzwanzig Jahre ältere Herr Harbinger, mit lichtem Haar und Schmerbauch, nun wieder saß und mit zitternder Hand vor der Tastatur verharrte, es nicht wagte, den Befehl zu geben.

Und es doch tat, weil er Gewissheit haben musste. Das Land, das Volk, der Allmächtige selbst war in Gefahr, wenn das Gleichgewicht ins Schwanken geriet. Das vielleicht genau durch diese Frau aus dem Nirgendwo, der Gabenreichen, in den Grundfesten erschüttert wurde. Wie sonst ließ sich der Zusammenhang erklären, dass zwei solche unerhörten Ereignisse stattfanden?

Die nächsten Minuten vergingen, ohne dass sie Herrn Harbinger bewusst wurden. Er saß wie erstarrt. Sein Gesicht war aschfahl geworden, alles Blut schien aus seinem Körper gewichen zu sein. Angstschweiß glitzerte auf seiner wächsernen Stirn.

Seine geübten Augen sahen es sofort.

10001100000001111101010101011110000101010011111010001000001
10001100000001111101010101011110000101010011111010001000001
10001100000001111101010101011110000101010011111010001000001
10001100000001111101010100011110000101010011111010001000001
10001100000001111101010101011110000101010011111010001000001

Schließlich kam Herr Harbinger wie aus einer tiefen Ohnmacht wieder zu sich. Mit mechanischen Bewegungen, wie eine Aufziehpuppe, machte er einen Ausdruck des Beweises. Er wagte es nicht, das Ergebnis elektronisch zu verschicken. Er musste es Unserem Großen Vater Pan Theus persönlich vorlegen, bevor irgendein anderer es entdeckte. Vielleicht konnte dann noch alles gut werden.

Herr Harbinger dachte in diesem Moment nicht daran, ob es sein Fehler gewesen war. Jetzt ging es nicht darum, den Schuldigen zu finden, sondern die Katastrophe zu verhindern. Wenn dies gelungen war, würde Herr Harbinger mit Freuden alles opfern, auch sein Leben, wenn es verlangt würde. Aber in diesem Moment lag das Schicksal des ganzen Volkes in seinen Händen, und er durfte nicht zögern. Es lag allein an ihm, dem einfachen, kleinen Menschen.

Herr Harbinger wusste nicht, ob der Allmächtige ein Büro besaß – und wenn ja, wo es sich befinden mochte. Stundenlang irrte er durch den Palast und merkte kaum, dass er ganz allein war. Niemand, der von einer Konferenz zur nächsten eilte. Alles war still und verlassen.

Schließlich kam Herr Harbinger in einen Bereich, den er noch nie betreten hatte. Wie er hierher gefunden hatte, wusste er nicht mehr. Warum der Zugang hier nicht codegesichert war, konnte er sich nicht erklären. Er war irgendwie ganz zufällig hereingestolpert - und alles war anders.

Es war, als hätte er eine magische Grenze überschritten, denn plötzlich war alles viel größer, düsterer, und … älter. Riesige Marmorsäulen stützten eine kathedralenartige Decke, in die dicken Steinmauern waren farbige Fenster mit phantastischen Motiven eingepasst. Nicht das übliche kirchliche Zeugs, sondern mehr Mythologisches … das er nicht verstand. Aber das war momentan unwichtig. Herr Harbinger verlangsamte unwillkürlich seinen Schritt, als er seine Schuhabsätze auf dem kalten, glatten Marmorboden klappern hörte. Auf Zehenspitzen schlich er weiter, die Augen groß und staunend wie ein Kind. In schwindelnden Höhen sah er Galerien, die mit Holzstiegen oder Wandelwegen verbunden waren. Kunstvolle Schnitzereien an Holzverzierungen, prunkvoll gearbeitete, goldene Abschlüsse an den Säulen. Und viele Wunder mehr, die Herr Harbingers verwirrter Verstand so schnell nicht erfassen konnte.

Immerhin erinnerte er sich dadurch endlich wieder an sein Vorhaben und hastete mit schlechtem Gewissen weiter. Er *musste* auf dem richtigen Weg sein, denn - wo anders als in einer *Kathedrale* konnte der Allmächtige residieren? Auch, wenn Herr Harbinger jetzt den schlimmsten aller Frevel beging: Jede Minute, die nutzlos verstrich, konnte den Untergang herbeiführen!

Herr Harbinger irrte durch eine Vielzahl von Gängen und Hallen, ohne sich den Weg merken zu können, bald erinnerte er sich kaum mehr an das, was er vor wenigen Minuten gesehen hatte. Fest das belastende Papier umklammernd, eilte er weiter, durch immer ältere Teile des Palastes, Marmor wich allmählich schlichtem Stein, Prunk verlor sich in ungeschliffener Schmucklosigkeit. Ein eisiger Wind pfiff durch schmale Lichtöffnungen in den Mauern.

Da war eine Tür. Sie war nicht pompös, wie Herr Harbinger sie erwartet hätte, um zu Unserem Großen Vater Pan Theus zu gelangen. Hoch war sie, das allerdings, gut vier Meter oder mehr, und etwa drei Meter breit, aus schwerem, dickem, schnörkellosem Holz. Ohne Riegel, aber mit einem metallischen Ring als Türklopfer.

Herr Harbinger reichte kaum an den Türklopfer heran, er musste sich dazu auf die äußersten Zehenspitzen stellen. Mit zitternden Fingern klopfte er zaghaft an und fuhr erschrocken zusammen, als es laut und hohl dröhnte, durch den ganzen Palast, so schien es.

Das Tor schwang auf. Herr Harbinger betrat keinen Raum, sondern einen großen Balkon, von dem aus er einen Überblick hatte über … Erschrocken wandte der kleine Mann sofort den Blick ab, bevor er nachhaltiges Entsetzen empfinden konnte, und erlitt sogleich den nächsten Schock, als er ein Wesen entdeckte, das wenige Meter von ihm entfernt blutüberströmt auf dem Boden lag. Ein Mann. Aber größer als jeder Mensch, den Herr Harbinger je gekannt hatte.

Einer der Titanen, fuhr es ihm durch den Kopf, als er sich, von furchtsamer Neugier gepackt und zugleich Hilfsbereitschaft durchdrungen, näher heranwagte. Lange, dunkle Locken fielen über ein edles Gesicht, das Herr Harbinger schon auf unzähligen Marmorstatuen abgebildet gesehen hatte. Außer einem Lendenschurz trug der Mann nichts am Leib, der anmutig und perfekt war, passend zu dem Gesicht.

Der Mann stöhnte. Aus einer Wunde an der Seite pochte Blut. Mitleid überwog nun Herrn Harbingers Angst, und er kniete bei dem verwundeten Riesen nieder, versuchte vorsichtig den schweren Kopf anzuheben und in seinem Schoß zu betten. »Was ist geschehen?«, flüsterte er. »War das meine Schuld?«

Der Mann öffnete die Augen, so grau und klar wie der Himmel der Abenddämmerung, kurz bevor die Nacht ihre Decke ausbreitete. »Natürlich nicht, du unschuldiges Kind«, flüsterte der Sterbende mit einer Stimme, die Herrn Harbinger schrecklich vertraut vorkam.

»Bist … sind …«, stammelte er ehrfürchtig.

»Nein …«, hauchte der Titan. »Ich bin der Feuerbringer, Bruder desjenigen, den du suchst. *Er* ist nun fort, für immer. Und ich … ich opferte mich einst für die Menschen und wurde dafür verflucht. Ein Mensch rettete mich, und so erklärte ich mich nach Äonen ein zweites Mal zur Hilfe bereit, als mein verzweifelter Bruder mich darum bat. Er versprach, seinen Fehler wieder gut zu machen und alles zu tun, damit die Menschen diesmal glückselig werden. Also nahm ich alles in mir auf und verschloss, versiegelte es, sicherer als in dem Gefäß. Aber … es ist nicht das, was ihr braucht … *sie* wusste es. Sie kehrte zurück. Sie sagte, dass sie den Menschen das wiedergeben würde, was ihnen fehlte: Freiheit. Leidenschaft. Eigene Entscheidung. Selbst, wenn es bedeutete, erneut den hohen Preis dafür zu bezahlen. Sie sagte, es würde auch diesmal etwas zurückbleiben, das sie wohl behüten würde, besser als das letzte Mal, und das der Antrieb für die Menschen sei, seit Anbeginn. Sie sagte, das Gleichgewicht wäre nur Langeweile, die Menschen würden dahinsiechen und langsam sterben … ohne … ohne …«

»… Hoffnung?«, vollendete Herr Harbinger mit brüchiger Stimme.

Der Titan nickte, aus seinem Mundwinkel rann Blut. »Sie verletzte mich. Sie allein konnte mich … das neue Gefäß … öffnen. Du hast es sofort erkannt, als es begann, tapferer kleiner Bewahrer. Doch es ist zu spät, du kannst nichts mehr tun. Ich merke, wie es aus mir drängt, so wie das Leben mich verlässt … nach so langer Zeit … doch es ist gut.«

Ein Schatten tauchte auf. Eine Frau, erkannte Herr Harbinger, als sie ins Licht trat, überirdisch schön, aber voller Trauer. »Es ist Zeit«, sagte sie. »Geh, Mensch. Deine Aufgabe ist beendet. Nun bleibt mir nur noch eines zu tun – das Gefäß zu schließen, bevor alles entfleucht, denn eines muss zurückbleiben. Dies ist nicht mehr für deine Augen bestimmt, also geh.« Das letzte Wort sprach sie so mit Nachdruck und göttlicher Gewalt, dass Herr Harbinger auf seine Füße sprang und floh, so schnell er nur konnte.

Plötzlich verspürte er einen entsetzlichen Stich in seinem Herzen, der ihn fast straucheln ließ, als der Titan starb und das Leid wieder über die Welt kam, und Herr Harbinger hörte und sah, wie der Palast um ihn herum erschüttert wurde, der so lange getragen worden war von einem Willen, der nun nicht mehr existierte. Die Wände bekamen Risse, erste Kiesel bröckelten heraus, und der Verfall setzte sich rasch fort.

Herr Harbinger rannte schluchzend um sein Leben, das Herz wollte ihm schier bersten in seiner Brust, und doch lief und lief er, gab sich nicht dem Schmerz hin, denn er war sicher, er würde es schaffen, er glaubte ganz fest, klammerte sich daran, als wäre es das letzte auf der Welt, was er noch hatte, tief in sich verborgen, das Einzige, das nicht mehr fliehen konnte, nachdem das Gefäß, beinahe geleert, wieder geschlossen worden war.

Der unaufhaltsame Tod des Peter G., Nostalgiechoenig

1

26.5./Schlagzeile des COMET EXPRESS:

Soeben haben wir die Nachricht erhalten, dass Peter Garner, bekannt als der König der Nostalgie, einer der reichsten Männer der Galaxie, gestern auf Goldon in einem Hotel mittlerer Klasse tot aufgefunden wurde. Die näheren Umstände seines Aufenthaltes sowie seines Todes sind noch nicht bekannt. Garner, der bekannte Multimilliardär und Lebemann, hatte vor einigen Wochen bereits Schlagzeilen durch sein geheimnisvolles, spurloses Verschwinden gemacht. Die Sicherheitsbehörde sieht einen möglichen Zusammenhang zwischen seinem Verschwinden und dem plötzlichen Tod, und schließt ein Verbrechen nicht aus. Ein ausführlicher Bericht sowie ein Nachruf folgen auf Seite 24.

Nachdem der Leichnam überführt worden war, musste die trauernde Witwe, Maybelle Garner, ihn noch identifizieren. Thomas Blackmore, Peter Garners bester Freund und Partner seit Firmengründung, begleitete sie zu diesem schweren Gang, und sie waren beide entsetzt über den Zustand der Leiche.

Peter Garner, der jugendliche, vor Energie und Kraft strotzende Mann sah furchtbar abgemagert und ungepflegt aus, überhaupt nicht mehr wie er selbst. Er war schon mindestens dreißig Stunden tot gewesen, als man ihn fand. Es gab keine Spuren von Gewaltanwendung oder Vergiftung. Der Arzt konnte nur lapidar »Herzversagen« feststellen, obwohl Peter Garners Herz kerngesund gewesen war. Und noch etwas war seltsam. Obwohl sein Körper verwüstet aussah, lag auf seinem Gesicht ein Lächeln, wie man es kaum je gesehen hatte, so glücklich, zufrieden und hingegeben, als wäre er erleuchtet worden.

So weit führt einen das also, dachte Thomas Blackmore, während er erschüttert den Leichnam seines besten Freundes betrachtete. *Und das mit Maybelle an deiner Seite.*

Die arme Maybelle, sie war ganz durcheinander. Natürlich, bei all diesem Presserummel und den vielen Fragen der Sicherheit. Immerhin war einer der bekanntesten und reichsten Männer der Galaxie auf mysteriöse Weise ums Leben gekommen, fern der Heimat und seiner Frau. Das würden die Nachrichten noch einige Zeit kräftig ausschlachten.

»Verlass mich nicht«, schluchzte sie an seiner Schulter.

»Ich bin für dich da«, murmelte er. »So wie ich immer für Peter dagewesen bin.« Etwas anderes kam für ihn gar nicht in Frage.

2

Peter Garner war einst aus bescheidenen Verhältnissen gekommen, aber das wollte er ändern, unaufhaltsam strebte er nach Anerkennung und Reichtum. Er hatte seit der Kindheit nur einen sehnlichen Wunsch, der sein ganzes Streben und die Zukunft bestimmte: Er wollte eine Weihnachtsmann-Fabrik bauen. Thomas Blackmore war über Peter gestolpert, als der gerade betrunken über die Straße torkelte und etwas von der genialsten Idee aller Zeiten faselte. Er hängte sich an Thomas, der ihn in seiner Gutmütigkeit einfach nicht mehr loswurde.

Irgendetwas an Peters Persönlichkeit fesselte ihn jedoch bald, und er lauschte dessen Ideen zusehends faszinierter. Beide waren ungefähr gleich alt. Mit Thomas' Hilfe wandelte sich Peter schnell vom hässlichen Entlein zum schönen Schwan, voller Charisma und mit einem messerscharfen Verstand. Mit Grips, ein paar nicht ganz legalen Börsentipps und ein wenig Startkapital war die erste Million rasch gemacht, und die »Weihnachtsmann-Fabrik« wurde gebaut. Die Idee erwies sich tatsächlich als genial. Vor allem die Fremdvölker sprangen auf das nostalgische Spielzeug aus der terranischen Früh-Techno-Ära an.

Weitere Geschäftsbereiche kamen hinzu, fast die gesamte Galaxie lag Peter Garner und seiner GARCO schließlich zu Füßen. Sein Einfluss reichte inzwischen in alle Bereiche der Politik und Wirtschaft, und Thomas konnte seinen saftigen Anteil daraus beziehen. Er bewunderte seinen Freund aus der Gosse rückhaltlos, während er selbst bescheiden im Hintergrund blieb. Ihm lagen diese öffentlichen Auftritte nicht, und er wusste, dass er niemals Peters Großartigkeit erreichen konnte.

Er überließ ihm gern den ersten Platz; märchenhaft reich wurde er dabei trotzdem. Als Partner hielt er immerhin vierzig Prozent, das war völlig in Ordnung, denn Peter war der Mann der Ideen, der andere begeistern konnte, er hatte den Hauptteil der Arbeit. Und wenn Thomas ihn brauchte, war Peter immer für ihn da. Peter war inzwischen Thomas' großes Vorbild, wie ein älterer Bruder.

Es war nur selbstverständlich, dass Peter die hingebungsvolle Maybelle heiratete, *Miss Milky Way*, die erste Terranerin seit zehn Jahren auf diesem Thron. Die absolute Traumfrau für jeden Mann und ebenso unerreichbar, außer für Peter. Der beste Mann und die beste Frau. Sie waren füreinander geschaffen.

Bis zu jenem Morgen, an dem Peter in ganz seltsamer Stimmung ins Büro kam.

»Ich muss mit dir sprechen«, sagte er fast wütend zu Thomas.

»Ist etwas geschehen?«, fragte dieser besorgt.

»Ja«, brummte Peter. Er wanderte einige Zeit unruhig auf und ab, bis er sich endlich einen Ruck gab und zögernd sagte: »Mir ist etwas passiert ... daheim.«

»Hattest du Streit mit Maybelle?« Thomas verwarf die Frage sofort wieder, kaum dass sie gestellt war. Ein Streit mit der hinreißenden Maybelle war unvorstellbar.

»Nein«, antwortete Peter. »Nein, natürlich *nicht.* Es liegt ganz allein an mir.« Peter seufzte und sah aus dem Fenster. Thomas betrachtete ihn mit immer größerer Sorge. Peter war noch nie verzweifelt oder gar deprimiert gewesen.

»Bist du krank?«, rief er, einer plötzlichen Eingebung folgend.

Peter drehte sich zu ihm um, er schien den Tränen nah. »Krank ... nun ja ... in gewisser Weise ... ich weiß nicht so recht, wie ich's dir sagen soll. Aber ich muss mit jemandem darüber reden, und du bist doch mein bester Freund ...«

»Dann denk nicht lange darüber nach, sondern sag's einfach.«

Peter seufzte und räusperte sich. »Ich krieg keinen mehr hoch«, stieß er hervor.

Thomas war für einen Moment sprachlos. »Wie bitte?«, sagte er dann, als hätte er nicht verstanden.

»Du hast ganz richtig gehört. Als ich gestern mit Maybelle schlafen wollte, ging nichts.«

»Nun mach aber halblang, Peter. Das ist doch keine Affäre. Das passiert jedem mal. Selbst bei einer Frau wie Maybelle.« Das sagte er nur zum Trost. Denn bei einer Frau wie Maybelle *konnte* einem das eben *nicht* passieren, das war so unmöglich wie bei einem Politiker der Verzicht auf Diätenerhöhung.

»Meinst du wirklich?«, flüsterte Peter.

Thomas kam aus dem Staunen nicht mehr heraus. Hatten sie plötzlich die Rollen vertauscht? Der große Peter Garner brauchte Trost von seinem Freund? Und er begriff, dass Peter dieses Problem schon seit längerer Zeit hatte, nicht erst seit gestern. Mitleid stieg in ihm auf.

»Ich war beim Arzt«, fuhr Peter fort. »Der fand natürlich nichts heraus, redete von vorübergehender Erschöpfung, Überarbeitung, periodischem Hormonschock, und so weiter. Alles Blödsinn. Ich doch nicht! Das muss andere Ursachen haben. Und deshalb bin ich zu dir gekommen.« Peter sah sich um, ob nicht etwa unerwünschte Lauscher in der Nähe wären. Flüsternd sagte er: »Ich glaube, ich werde vergiftet.«

»Bist du verrückt? Wer sollte das tun?«, protestierte Thomas.

»Ungefähr jeder, der sich als Konkurrenz bezeichnen darf, oder dem ich jemals auf die Füße getreten bin«, wisperte Peter. »Meine körperliche Potenz wird in der Öffentlichkeit ebenso gehandelt wie meine geistige und monetäre. Wenn das bekannt wird, fallen die Aktien ins Bodenlose.«

»Das ist paranoid. Du erwartest jetzt wohl von mir, dass ich für dich herumspioniere oder wie ein Kindermädchen auf dich aufpasse?« Als er Peters flehenden Gesichtsausdruck sah, taten ihm seine barschen Worte leid. »Ich tue alles für dich, das weißt du«, fügte Thomas milder hinzu. »Sollte da tatsächlich ein Komplott oder ein Anschlag dahinter stecken, werde ich es herausfinden. Das verspreche ich dir. Was sagt übrigens Maybelle dazu?«

»Sie umhätschelt mich. Thomas, verstehe mich nicht falsch. Ich unternehme gar keinen Versuch mehr, denn es ist, als ob ich … äh … *kastriert* wäre. *Ich fühle einfach nichts.*«

Thomas machte ein erschrockenes Gesicht. Die Sache war wohl doch ernster, als er gedacht hatte. Peter, der endlich den schmerzhaften Anfang hinter sich hatte, redete sich alles von der Seele. Sein Körper empfand keinerlei sexuelle Begierde mehr, auch wenn sein Verstand noch so sehr danach verlangte. Zum Schluss konnte Peter die Tränen kaum mehr zurückhalten, und das erschütterte Thomas mehr als alles andere. Er hatte nie geglaubt, dass ein Mann wie Peter weinen könnte.

Den restlichen Tag verbrachte Thomas damit, ein Programm für Peter aufzustellen. Er musste etwas für seinen Freund tun, damit er seine Potenz zurückerlangte.

Zunächst begann er mit einfachen Dingen; Pornos, anregende Gerüche, Besäufnisse, Drogen, Ablenkung und Sport, Swingerclubs. Danach brachte er ihn zum Psychiater, zum Heilpraktiker und zum Wunderdoktor, schließlich zum besten Magier des Schwarzen Zirkels, der ihn hypnotisierte. Nicht nur, dass dies alles nichts half, die gelehrten und erfahrenen Herren und Damen fanden nicht einmal den Grund für Peters Dilemma heraus, da er sowohl körperlich als auch geistig völlig intakt war. Ein Beweis für eine Vergiftung konnte beim besten Willen nicht gefunden werden.

Thomas dachte gar nicht daran, dies zu akzeptieren, und entwarf weitere Pläne. Peter nahm geduldig alles hin, er hatte längst resigniert. Thomas sorgte dafür, dass er so wenig wie möglich daheim war, damit Maybelle nicht anfing nachzudenken; außerdem sahen die folgenden Pläne viele Reisen vor.

»Du musst zu den anerkannt besten Liebeskünstlerinnen gehen«, schlug er vor. »Ich sammle gerade alle Adressen. Sie werden dir helfen. Und keine Sorge, ich achte schon darauf, dass Maybelle nichts davon erfährt.«

Das Programm begann zunächst auf der Erde. Thomas hatte Peters Aussehen derart verändert, dass dieser sich selbst nicht mehr erkannte. Die jeweiligen Damen, entsprechend instruiert, bewiesen ihre ganze Kunst, aber vergeblich. Thomas gab jedoch noch nicht auf. Der Weltraum stand offen. Humanoide und Nichtmenschliche, alles, was das Herz begehrte.

Thomas brachte Peter auf Welten, auf denen die Zunge das wichtigste Organ war, dann dorthin, wo es besonders Fingerfertige gab; zu Sirenengeschöpfen, die mit Schallvibrationen arbeiteten; zu biegsamen Schlangenwesen; zu Blumenmenschen; und noch viele mehr. Sie versuchten ihn im Weltraum zu verführen, in Höhlen, über und unter Wasser, auf Bäumen, an allen nur erdenklichen gefährlichen und ungefährlichen Orten. Peter besaß inzwischen ein Wissen über Sex wie kein anderer jemals vor ihm; Massen von Geld waren investiert worden, und doch hatte sich nichts geändert. Enttäuscht und verzweifelt kehrten die Freunde nach Terra zurück, nicht einmal Thomas wusste mehr weiter. Peter begann seine Impotenz allmählich hinzunehmen, aber er verlor dabei seine Ausstrahlung, seine Kraft; schwermütig und grüblerisch saß er oft stundenlang in seinem Büro und dachte daran, alles aufzugeben und fortan als Einsiedler zu leben. Thomas, der einsah, dass Peter diesen Zustand nicht mehr lang überleben würde, setzte zum letzten Mal alle Hebel in Bewegung. Nach einigen Wochen kam er dann unerwartet in Peters Büro.

»Es gibt noch eine Möglichkeit«, begann er.

Peter sah ihn mit leiser Hoffnung an; Thomas klang sehr sicher. »Was für eine?«

»Es gibt dabei ein Problem«, fuhr Thomas fort. »Bevor ich dir sage, worum es sich handelt, sollst du wissen, dass es sehr gefährlich ist. Es kann dich das Leben kosten.«

»Rede!«, drängte Peter, den das im Moment nicht interessierte.

»Es gibt eine Welt, die wir noch nicht besucht haben. Sie befindet sich ziemlich am Rand der Galaxie. Sie wurde bei der Entdeckung *Avalon* genannt, weil sich dort praktisch alle Möglichkeiten zur Heilung von Krankheiten fanden. Die Einwohner sehen von ihrer Körperform her aus wie wir, allerdings haben sie eine schimmernde, irisierende Haut und perlmuttfarbene Augen. Sie sind sehr sanft, Aggressivität liegt ihnen fern, und sie leben friedlich in den Tag hinein. Und doch hat es Tote gegeben.«

»Tote?«

»Ja. Besucher, Männer wie du und ich, starben urplötzlich. Man fand heraus, dass die Avalesen für die meisten Völker sexuell sehr anziehend sind, die avalesischen Frauen aber noch dazu eine ganz unglaubliche sexuelle Gabe besitzen, nach der nicht-avalesische Männer süchtig werden und daran sterben wie an einer Droge, weil sie nicht mehr aufhören können. Das passiert allerdings erst nach mehrmaligem intimem Kontakt. Ein einmaliger Kontakt macht nichts aus, das wurde mir von allen Seiten versichert. Ebenso wurde mir der Erfolg deiner Heilung garantiert.«

Peter, der trotz allen Kummers sein Gespür für wichtige Dinge nicht verloren hatte, war schon Feuer und Flamme. »Also, worauf warten wir noch?«

»Peter, ich bringe dich nur unter einer Bedingung dorthin. Versprich mir, dass du danach sofort abreist.«

»Ja, ja, ich verspreche es dir.«

»Ich meine es ernst, Peter. Es ist wirklich gefährlich. Ich hab dir nur davon erzählt, weil ich deine Vernunft kenne. *Einmal*, egal ob es hilft oder nicht. Versprich es mir!«

Peter erhob die Hand. »Großes Pfadfinder-Ehrenwort!«, erklärte er feierlich, und dann lachte er wie ein Junge.

Für einen Rückzieher war es jedenfalls zu spät. Thomas rief seine Frau an, während Peter Maybelle Bescheid gab.

Während der folgenden Flugtage wurde Peter immer zappeliger, je näher sie ihrem Ziel kamen. Von der monatelangen Schwermut war nichts mehr zu spüren, er redete und lachte und agierte wie früher, so sicher war er sich, dass alles wieder gut werden würde.

Endlich kamen sie auf Avalon an; Thomas, der erhebliche Mühen für ihre Tarnung aufgewendet hatte, war ständig damit beschäftigt, Peter ruhig zu halten, damit er nicht alles vermasselte.

In einem Raum eines bestimmten Hauses musste Peter nicht lange warten, bis die Tür aufging und eine Avalesin eintrat. Sie tat zunächst gar nichts, stellte sich nur vor Peter und lächelte ihn an. Himmel, war sie schön. Ihr Körper war ebenso menschlich wie der von Peter, aber sie war schöner als jeder Erdenmensch, vollkommener. Selbst Maybelle verblasste neben ihr. Ihre Figur war wie gezeichnet, das Gesicht wie das eines Engels. Sie hatte lange, dichte weiße Haare, die wie eine kleine Mähne den Rücken hinabwuchsen; die von einem feinen weißen Flaum bedeckte Haut schimmerte pastellfarben wie ein Regenbogen. Ihre Augen waren groß und leicht schräg wie die einer Katze und leuchteten irisierend wie Perlmutt. Augenbrauen, Wimpern und, wie Peter bald darauf feststellte, Schamhaare waren weiß wie die Haupthaare, weich und flaumig wie Watte. Peter wurde es leicht schwindlig, denn diese Schönheit schmerzte für einen Moment in den Augen, und er war froh um das heruntergedimmte Licht. Er bekam den nächsten Schock, als sie zu sprechen begann; ihre Stimme klang wie eine Symphonie, beinahe noch wundervoller als die einer Sirene, und Peter war schon ganz verloren, noch ehe sie überhaupt mit ihrer Arbeit begonnen hatte.

»Herzlich willkommen«, zwitscherte sie. »Ich hoffe, Sie hatten eine gute Reise. Sie sind das erste Mal hier, nicht wahr?«

Peter nickte stumm.

Sie lachte sanft, und es klang wie Glockengeläut. »Ich muss sicherlich wie ein Schock auf Sie wirken, aber ich hielt es für das Beste, mich Ihnen gleich mit meinem wahren Aussehen zu zeigen. Ihr Bruder sagte mir, unter welchem Problem Sie leiden.«

»Mein Bru- … ja, natürlich. Mein Bruder. Er ist immer sehr besorgt um mich.«

»Ich finde es wundervoll, in einer Familie geborgen zu sein. Wenn es Ihnen Recht ist, werde ich mit der Behandlung gleich beginnen. Sie brauchen überhaupt nichts zu tun, lassen Sie einfach alles mit sich geschehen. Sie werden sehen, dass Sie in weniger als einer Stunde gesund sind.«

Peter machte ein zweifelndes Gesicht, aber sie ließ ihm keine Zeit zum Nachdenken. Ohne weitere Umstände kam sie zu ihm und entkleidete ihn, so geschickt und flink, dass er es kaum mitbekam, und im nächsten Augenblick lag er ausgestreckt auf dem Bett. Die Nähe der schimmernden, wie eine Blumenwiese duftende Frau verwirrte ihn, und Schauer überliefen seinen Körper, als ihre Finger zart wie Federn über ihn hinwegglitten. Dabei flötete sie ganz leise wie eine Nachtigall, und er stöhnte auf, als ihre reptilienhaft lange Zunge herausschoss und samtweich Gesicht und Brust betrillerte. Obwohl er geglaubt hatte, alle Liebeskünste des Universums zu kennen, fühlte er sich jetzt wie ein Schuljunge. Die Frau war absolut vollkommen. Sie war ein Insekt, eine Blume, eine Sirene, eine Krake, der Inbegriff aller Weiblichkeit und Sinnlichkeit des Universums … er fand nicht genug Begriffe für sie. Er schloss die Augen, atmete ihren Duft ein und ließ sich von ihr streicheln, umarmen, betrillern, es gab keine Stelle, die sie nicht erregte, und dazu sang und zwitscherte sie unaufhörlich ganz leise. Keine Droge irgendeiner Welt hätte einen solchen Rausch bewirken können, und Peter ließ sich treiben, bis sein Sehsinn wieder nach ihr verlangte. Er öffnete die Augen, sie lächelte ihn lieblich an, ergriff seine Hände und führte sie an ihren Körper. Unter ihrer Führung erkundete er ihr Gesicht, glitt hinab zu ihren Brüsten, den Bauch weiter hinab zu ihrem weich bepelzten Venushügel, und er konnte sich des Eindrucks nicht erwehren, dass seine Finger auf ihrer Haut wie unter leichten Stromstößen kribbelten. Sie schmiegte sich an ihn, und eng umschlungen liebkosten und küssten sie sich, bis Peter vor Lust stöhnte. Sein ganzer Körper stand in Flammen – nur sein Glied nicht, das immer noch ganz unbeteiligt schlummerte. Bisher war er so beschäftigt gewesen, dass er es nicht bemerkt hatte, aber als die Avalesin über ihn gleiten wollte, hielt er sie erschrocken fest.

»Nein«, flüsterte er. »Du siehst doch, ich …«

»Keine Angst«, unterbrach sie ihn sanft. »Gleich ist alles gut …«

Sie betrillerte ihn unentwegt, während sie auf ihn kletterte, und seine Hände schienen auf ihrer Haut festgeklebt. Sie zwitscherte wie eine Lerche, als sie sich langsam auf ihn herab senkte. Peter fühlte Zornestränen aufsteigen, weil sein Unterleib sich nicht rührte.

Doch dann blieb sein Herz fast stehen. *Bei allen Börsenkursen, sie nahm ihn.* Ihre Vagina stülpte sich nach außen wie ein Rüssel, tastete suchend an seinen Lenden herum, bis sie sein Glied gefunden hatte und es fest umschloss. Die göttliche Frau verharrte einen Moment reglos, seine Hoden streichelnd, und setzte dann ihre Muskelkraft ein. In den nächsten langen, *sehr* langen Minuten schrie Peter seine Ekstase mit aller Kraft hinaus, und er fühlte sich dem Tode nah, als seine gesamte, so lange aufgestaute sexuelle Energie aus ihm herausströmte.

Peter wurde von einer Welle von Orgasmen durchgeschüttelt, wie sie sonst kein Mann erleben konnte; immer wenn er dachte, es wäre vorbei, kam der nächste Höhepunkt, bis er nicht mehr konnte und dem *kleinen Tod* nahe war.

Sie zog sich zurück, lachte leise und deutete hinab.

»Sieh nur, wie schön er steht«, wisperte sie.

Peter sah an sich hinab. Wahrhaft, sein von den Toten zurückgekehrter bester Freund war immer noch aufgerichtet, wenn sich auch die Erschöpfung langsam durchsetzte. »Bin ich geheilt?«, flüsterte er.

»Für immer«, antwortete sie.

Thomas wartete ungeduldig und ängstlich in der Halle, kippte einen Drink nach dem anderen hinunter. Als Peter endlich kam, fiel er schon fast vom Stuhl. Peter, der sonst einen Sinn fürs Dramatische hatte, legte dem Freund nur ganz ruhig die Hand auf die Schulter. »Alles ist gut«, erklärte er schlicht.

3

Peter, energiegeladener denn je, sprühte in den nächsten Wochen nur so vor Ideen, die eine kräftige Steigerung der Aktien bewirkten, und Thomas, der anfangs den Freund noch kritisch beobachtete, wurde schließlich zu seiner eigenen Zufriedenheit mit Arbeit überhäuft. Der Konzern bekam neuen Schwung und Aufmerksamkeit und sollte in eine neue Phase des Erfolgs treten. Aber nach einigen Wochen befiel Peter wieder diese seltsame Unruhe und Schwermut zugleich. Und eines Morgens war er verschwunden, ohne Abschied, ohne eine Spur zu hinterlassen. Thomas setzte die besten Spürhunde auf ihn an, ohne Erfolg. Ihm blieb nichts anderes übrig, als sich eine Ausrede für die Öffentlichkeit einfallen zu lassen, den Konzern allein weiterzuführen, für stabile Kurse zu sorgen und – zu warten.

Maybelle war außer sich vor Angst und Kummer, und Thomas sah es als seine Pflicht an, für sie da zu sein. Er spannte auch seine eigene Frau dafür ein – schließlich ging es um die Zukunft aller. Und um einen guten, ja, den besten Freund.

Eines Tages kam endlich der ersehnte Anruf. Thomas erschrak über Peters holographischen Anblick. Er war völlig aufgelöst, hektisch und wirr, seine Augen glänzten fiebrig, und seine Stimme klang überdreht fröhlich.

»Ich habe sie gefunden!«, trompetete er ohne Begrüßung.

Thomas fühlte, wie sich eine eiskalte Hand um sein Herz krampfte. »Wen hast du gefunden?«, fragte er, obwohl er die Antwort schon wusste.

»Die Avalesin! Sie war nicht mehr auf Avalon, aber ich habe sie gefunden. Weißt du, dass sie Chamäleoniden sind? Die Avalesen wandeln unter uns, ohne dass wir's merken. Die Männer gleichermaßen wie die Frauen, und ...«

»Du hast es mir versprochen«, unterbrach Thomas den gestammelten Wortschwall.

»Ja, ich weiß. Aber ich hielt es nicht mehr ohne sie aus. Ich musste sie einfach wiedersehen! Mach nicht so ein sauertöpfisches Gesicht, alter Knabe. Ich bin sehr gut in der Lage, auf mich Acht zu geben. Ich habe eine so perfekte Tarnung, dass nicht einmal du mich findest!«

»Du bist vollkommen verrückt.«

»Versteh doch, ich brauche das jetzt! Nur ein wenig Urlaub! Einfach mal weg von allem! Es ist wirklich nicht so schlimm, wie du denkst. Ich wollte sie nur wiedersehen, das ist alles. Mach dir keine Sorgen, ich bin in wenigen Tagen daheim! Ich melde mich.«

»Du kannst nicht –«, schrie Thomas, aber Peter hatte schon abgeschaltet. Für einige Zeit saß Thomas ganz still da und starrte ins Leere. Dann startete er einen Rundruf an alle Agenten, um Peter so schnell und diskret wie möglich zu finden. Zugleich musste er dafür sorgen, dass bei der Firma alles weiterlief und kein Chaos ausbrach.

Anschließend flog Thomas zu Maybelle und beichtete ihr alles. Früher oder später würde sie es sowieso erfahren, also besser jetzt, damit sie sich auf das körperliche Wrack vorbereiten konnte, sobald sie Peter gefunden und zurück gebracht hatten.

Er hatte auch seine Frau hinzugebeten, doch die erschien gar nicht. Als er seine Nachrichten öffnete, sprang ihm eine

Scheidungsklage entgegen. Seine Frau habe keine Lust mehr, dass ihr Leben sich nur noch um die Garners drehen würde, es sei schlimmer denn je, und Thomas könne sich doch gleich adoptieren lassen, da sie ihm wichtiger seien als seine eigene Frau.

Darum kümmere ich mich später, dachte Thomas. *Sie versteht das einfach nicht.*

Leider sah Thomas seinen besten Freund Peter Garner nicht mehr lebend wieder, und leider wurde er auch nicht auf diskrete Weise gefunden. Die genauen Umstände seines Todes würden nie geklärt werden.

So endete Peter Garner, der Nostalgiekönig, der strahlende Sonnenkaiser, auf die unwürdigste Weise, mit einem tiefen Fall.

Der größte galaktische Skandal war geboren. Doch es war zugleich der Beginn eines jahrzehnte-, vielleicht sogar jahrhundertelang andauernden Mythos. Und die Aktienkurse *stiegen*.

4

Während Thomas Blackmore die Witwe Maybelle Garner aus der Leichenhalle führte, spielte seine rechte Hand in der Manteltasche mit einem kleinen Gegenstand. Eine Duftampulle, wie sie derzeit nahezu jeder mit sich herumtrug, um sich mit einem kurzen Sniff zu erfrischen, aufzuputschen oder andere zu verführen. Natürlich ein Produkt der GARCO. Die einzige Idee, die Thomas jemals beigesteuert hatte, und die Peter begeistert aufgenommen hatte. Das war Thomas' liebstes Kind gewesen. Vor allem diese ganz spezielle Entwicklung eines Aromas, von dem niemand außer ihm wusste, und das auch niemals in den Handel gelangen würde. Eine avalesische Pheromonmischung – sie hatte nur bei einer einzigen Person Anwendung gefunden, und nun war die Ampulle leer und würde in der hauseigenen Müllentsorgung landen.

Ja, es stimmte, dass ein Erdenmann nicht beim ersten Mal süchtig wurde. Aber wenn er zuvor wochenlang diesem Mittel ausgesetzt gewesen war und deswegen unfähig wurde, noch irgendein anderes Wesen als eine Avalesin zu begehren, war der Betroffene bei der ersten persönlichen Begegnung bereits süchtig, und die sexuelle Erfüllung triggerte die unheilbare Gier, die binnen kürzester Zeit zum Tode führte. Da es sich nur um Dufthormone handelte, die keinerlei Rückstände bildeten, konnte nur eine natürliche Todesursache durch Überbelastung des verfallenden Körpers festgestellt werden.

Die Avalesin würde auch niemand finden, falls es denn tatsächlich dieselbe gewesen war, die Peter gefunden zu haben glaubte. Woran Thomas zweifelte, denn ihre wahre Identität gaben sie Fremden niemals preis, ob nun auf Avalon oder sonstwo. Die Chamäleoniden interessierten sich nicht für ihre Kunden, denen sie Zufriedenheit verschafften, und ob diese davon süchtig wurden. Sie erfüllten Wünsche und ließen sich bezahlen, ob der Kunde nun überlebte oder nicht. Das Konzept »Tod« verstanden sie nicht.

Tod durch zu viel Sex. Ein schöner Tod, den Thomas seinem besten Freund nach langen Jahren der Vorbereitung zugedacht hatte, und Peter war, seiner Miene nach zu urteilen, wirklich glücklich gestorben.

Standard-Attentäter gingen weniger zimperlich mit den Opfern um. Bei besten Freunden war das etwas anderes.

Thomas hatte Peter schließlich alles zu verdanken, und ja, er *war* ihm dankbar und würde ihn stets in liebevoller Erinnerung behalten. Allein schon durch die Übertragung der Firma auf ihn als alleinigen Geschäftsführer, alles zu Beginn ihrer Partnerschaft, noch vor der ersten Million, notariell festgelegt worden. Die GARCO war Peter das Wichtigste im Leben gewesen, und sie sollte nicht mit seinem Tod untergehen.

Dafür würde Thomas sorgen. Das war seine Pflicht als Freund und Partner, da Peter ohne leiblichen Erben verschieden war.

Was ebenfalls seinen Grund hatte.

Ein zufriedenes Lächeln umspielte Thomas Blackmores Lippen, als er Maybelles warmen, sinnlichen Körper schützend an sich drückte und ihr noch einmal versicherte, dass er immer für sie da sein werde.

Der Spiegel

»Gewissen? Ich brauche kein Gewissen.« Der Mann saß mir gegenüber in der *Ratsstube,* wohin ich gern gehe, wenn ich mich ein wenig entspannen, gleichzeitig aber Menschen beobachten will. Die *Ratsstube* ist immer gut besetzt, doch diesmal hatte ich ausnahmsweise einen Tisch für mich allein – so schien es zunächst. Ich hatte mich kaum niedergelassen, als ein Mann, den ich zuvor ruhelos durch den Raum irren gesehen hatte, auf mich zustürzte und bereits halb saß, bevor er mit einem gehetzt wirkenden Ausdruck fragte: »Darf ich mich zu Ihnen setzen?«

Ich hatte nichts dagegen, der Tisch war groß genug. Ich konnte immer noch für mich bleiben, vor mich hin sinnieren und das Treiben um mich herum auf mich einwirken lassen, während ich langsam mein Bier trank. Absichtlich drehte ich den Kopf zur Seite, um meinem Gegenüber anzuzeigen, dass ich keine Unterhaltung wünschte.

Doch das hielt den Mann nicht ab. Anscheinend musste er unbedingt eine Geschichte loswerden. Und köderte mich mit dem zusammenhanglosen Satz, dass er kein Gewissen brauche.

»Wissen Sie, normalerweise mache ich so was ja nicht«, fuhr er fort, nachdem er seine Bestellung aufgegeben hatte. »Aber manchmal hat man keine Wahl, verstehen Sie, was ich meine?«

Innerlich seufzte ich. Ich würde dem Gespräch nicht entkommen. Es war besser, sich dem Unvermeidlichen zu fügen, dann hatte ich es schneller hinter mir. Ich wandte mich dem Mann zu. Er sah völlig durchschnittlich, eher unscheinbar aus. Jemand, den man sofort wieder vergaß, sobald man ihn aus den Augen verlor. Auffällig an seinem Gesicht war allerdings der gequälte Ausdruck.

»Manchmal scheint es, als habe man keine Wahl«, stimmte ich bedächtig zu, ohne damit eine wirkliche Meinung ausgedrückt zu haben.

»Wissen Sie, jeder hat auf irgendeine Weise etwas zu verlieren«, führte der Mann weiter aus. »Jemanden, den man liebt. Seine Arbeit. Seinen Besitz. Seine Gesundheit. Und manchmal … verliert man alles auf einmal und hat gar nichts mehr. Wissen Sie, was die Leute einem dann sagen?«

Ich schüttelte den Kopf.

»Sie sagen: ›Wenigstens hast du noch deine Würde. Du kannst in den Spiegel sehen. Das kann dir niemand nehmen.‹«

»Ist es nicht so?«, fragte ich.

Der Mann lachte trocken. »Das bekommt jemand genau dann zu hören, wenn er alles verloren hat, außer seinem Leben, und sich verdammt würdelos, gedemütigt und benachteiligt fühlt.«

Ich machte den Mund wieder zu.

»In Wirklichkeit«, erklärte der Mann, »ist es eine billige Ausrede, in die sich die Leute flüchten, weil sie nicht wagen zu sagen: ›Was für ein Pech, mein lieber Junge, du bist wahrlich das ärmste Schwein auf Erden, und da sehe ich mal, wie gut es mir dagegen geht. Aber bestimmt wird es wieder, irgendwer wird dir auf die Beine helfen. Nur sei mir nicht böse, dass ich es nicht bin, denn ich habe jede Menge eigene Probleme.‹«

»Da ist was dran«, musste ich zugeben.

»Ich spreche aus Erfahrung.« Der Mann deutete auf sich. »Meine Frau verließ mich wegen eines anderen, mein Arbeitgeber betrog mich, die Schule zeigte mich unbewiesen und fälschlich wegen Kindesmissbrauchs an, mein ganzer Besitz kam unter den Hammer und ich landete, nach einer Reihe von Prozessen, die ich alle verlor, weil ich mir keinen guten Anwalt leisten konnte und mir niemand glaubte, und nach den folgenden Haftstrafen, auf der Straße. Mein ganzes Leben lang war ich ein anständiger Kerl – das hat sich wirklich bezahlt gemacht, nicht wahr?«

Ich wich verlegen seinem Blick aus.

Der Mann erzählte weiter: »Eine Zeitlang lebte ich also auf der Straße. Ein elendes Leben, kann ich Ihnen sagen, von Romantik keine Spur, und von der Würde bleibt auch nichts mehr übrig, wenn man vor Hunger kotzen muss und von den Leuten gedemütigt und wie ein Aussätziger behandelt wird. Ich hatte es satt, verstehen Sie? Nur, damit auf meinem Grabstein steht: *Er war ein ehrlicher Mann*, sollte ich so dahinvegetieren?«

Nun wurde ich neugierig. »Also?«

»Also verkaufte ich meine Seele, als sich jemand dafür interessierte«, antwortete der Mann. »Ein ungeheuer reicher Mann. Er sagte, ich hätte genau das, was er bräuchte: Meine Ehre, meine Würde, zusammengefasst: mein Gewissen. Oder auch mein moralisches Empfinden, wie Sie es nennen wollen. Dafür, sagte er, würde er alles geben. Und ich nahm an.«

Ich hob die Brauen. »Ein Teufelspakt?« Der Mann hatte ganz offensichtlich nicht nur seine Würde, sondern auch seinen Verstand auf der Straße verloren.

»Sehen Sie!« Er öffnete seine Brieftasche, prallvoll mit großen Banknoten. Vier oder fünf Platin-Kreditkarten. Er zeigte mir seine Visitenkarte, und mir fielen fast die Augen aus dem Kopf, als ich den Namen darauf las. Wenn das stimmte, was da stand, sprach ich soeben mit dem bekanntesten und zugleich geheimnisvollsten Multimillionär der Stadt, dessen Gesicht jedoch niemand je gesehen hatte!

Allmählich wurde mir die Geschichte unheimlich. »Dann ist jeder mit dem Tausch zufrieden?«, fragte ich vorsichtig. Selbst in Märchen funktionierte das selten, denke man beispielsweise an *Der Prinz und der Bettelknabe*.

»Aber ja!«, versicherte mir der Mann. »Und wie! Es lebt sich so doch viel besser. Ich brauche auf niemanden mehr Rücksicht zu nehmen, ich kann tun und lassen, was ich will. Ist das nicht herrlich? Das ist wahre Macht, sage ich Ihnen. Alles tun zu können, ohne Ausnahme, ohne die Folgen befürchten zu müssen. Keine Angst vor Alpträumen, oder dass die Geister der Vergangenheit einen einholen, und so weiter. Nichts macht mir mehr etwas aus, ich bin frei von jeglicher moralischer Schuld. Nur eine einzige Sache ist ein wenig … nun ja, unangenehm, aber daran gewöhnt man sich. Ja, wirklich, das tut man.«

Übergangslos sprang der Mann auf, schob einen viel zu großen Schein unter sein unberührtes Bierglas, und eilte ohne Abschied auf den Ausgang zu.

Ich konnte ihn in dem großen Spiegel sehen, der direkt beim Ausgang hing, neben der Garderobe.

Er hatte kein Gesicht. Es war völlig leer, wie eine bleiche, konturlose Fläche.

Mein ist die Nacht

Arabella Pusteblume spürte, dass die Nacht bald kam. Das war immer ein besonderer Moment für sie und alle anderen in Lara-Anns Zimmer.

Noch.

Lara-Ann war vor wenigen Tagen zwölf Jahre alt geworden. Das konnte bedeuten, dass es schon bald vorbei war. Lara-Ann würde schnell ein großes Mädchen werden und sich für ihr Spielzeug alles verändern.

Es war nicht das erste Mal, dass Arabella Pusteblume das erlebte. Sie hatte schon viele Namen gehabt und verschiedenes Aussehen. Doch tief in sich war sie stets Tabalin. Tabalin, der Geist, der nie vergaß. Der schützte. Der immer dort war, wo er gebraucht wurde.

In jeder Nacht, wenn die Menschenkinder schliefen, erwachten die Spielzeuge und feierten Party. Sie erinnerten sich daran, wem sie gehörten, und an das eine oder andere Spiel, aber niemals an den Tag. Davon blieben immer nur wenige Fetzen übrig, zwischen Hell und Dunkel, im Zwielicht der Dämmerung. Wenn sie nicht mehr ganz leblos und doch nicht ganz lebendig waren.

Arabella Pusteblume aber wusste alles. Sie erinnerte sich an ihr allererstes Erwachen - vor sehr langer Zeit - und sie wusste auch, was tagsüber geschah. Darüber sprechen konnte sie aber erst in der Nacht.

»Warum ist das so, dass wir lebendig werden?«, fragte Itsybitsy in der Nacht nach Lara-Anns Geburtstag.

»Das ist der Geist der Nacht«, antwortete Arabella Pusteblume. »Er ist in allem, nichts ist wahrhaftig leblos.«

Itsybitsy sah sie bewundernd aus seinem verbliebenen Auge an. Er war ein schäbiger alter Teddy, aber Lara-Ann räumte ihm immer noch den Ehrenplatz auf ihrem Bett ein. Ab und zu drückte sie seinen Bauch, und er brummte glücklich. »Aber du bist durch Tabalin mehr, stimmt's?«

»Ja, Tabalin ist auch ein Geist der Nacht. Ich *bin* Tabalin. Ein Teil der Nacht, die über kleine Menschlein wacht.«

»Das haste riiichtig schön gesagt«, wieherte Wiiha, das Zebra, das Poesie über alles liebte.

»Aber was wird, wenn Lara-Ann groß ist?«, wollte Itsybitsy besorgt wissen.

»Tabalin wird – *ich* werde – weiterwandern in ein anderes Kinderzimmer. Lara-Ann braucht mich nicht mehr, wenn sie groß ist.«

Sie sah, dass Itsybitsy etwas beschäftigte. »Was willst du fragen?«

»Uns … braucht sie dann auch nicht mehr?«

»Nein. Aber das ist nicht schlimm. Wenn ihr dieses Zimmer verlasst, werdet ihr einfach vergessen und ruhen, bis ihr wieder gebraucht werdet … oder etwas Neues aus euch wird.«

»Werden wir uns je wieder erinnern?«

»Nein, Itsybitsy, und das ist gut so. Ihr seid zum Spielen, Trösten und Träumen da, wann immer ihr gebraucht werdet, für jedes Kind gleichermaßen. Ihr seid, die ihr seid.«

Arabella Pusteblume blieb nicht verborgen, dass mit Lara-Ann eine Veränderung vor sich ging, je näher ihr dreizehnter Geburtstag rückte. Ihre schmale Figur bekam Formen und Rundungen, sie fing an, sich für Kosmetik und Jungs zu interessieren, und wenn ihre Freundinnen zu Besuch kamen, schnatterten sie nicht mehr über die Schule oder Puppen, sondern über viel bedeutendere Dinge, wie etwa die angesagteste Mucke, die besten Frisuren und über Tik-Tok. Das Spielzeug landete in einer Kiste in der Ecke und wurde als »kindisch« angesehen.

Aber manchmal … manchmal, wenn Lara-Ann sich mit Freundinnen stritt oder einen anderen Kummer hatte, holte sie Arabella Pusteblume, Itsybitsy und Wiiha aus der Kiste wieder zu sich ins Bett und erzählte ihnen von ihrem Kummer.

Manchmal weinte sie auch nur, ohne etwas zu sagen. Und manchmal hatte sie Alpträume. Dann drückte sie ihre Freunde der Kindheit fest an sich. »Ich hab so viele Fragen an Mama«, murmelte sie. »Aber sie hat ja nie Zeit.«

Und wenn die Mutter mal da war, gab es häufig Streit zwischen den beiden. Meistens war auch noch der Vater irgendwie mit einbezogen, gegenüber dem Lara-Ann sich zusehends bockiger verhielt.

Lara-Ann wurde schlechter in der Schule, sie verschlief, schwänzte oder hatte anderen Ärger, und das brachte die Mutter in Rage. Arabella Pusteblume konnte den Streit oft bis ins Zimmer hören. Immer wieder wurde Lara-Ann aufgefordert, sich besser zu benehmen.

Arabella Pusteblume wusste, dass ihrer Freundin etwas schwer auf dem Herzen lag, wegen ihrer Alpträume und ihrer Veränderung. Doch Lara-Ann erzählte es nicht. Nicht einmal ihren Stofftieren, obwohl diese sie nie im Stich ließen, ihr nie widersprachen, immer nur zärtlich waren.

Manchmal war Arabella Pusteblume versucht zu fragen, was Lara-Ann beschäftigte. Doch dann hätte das Mädchen vom Tabalin erfahren. Und das durfte nicht geschehen. So waren die Regeln.

Wiiha und Itsybitsy konnten mit Lara-Ann reden, das Mädchen verstand sie ohnehin nicht. Es hörte zwar irgendwelche Geräusche und bildete sich ein, dass die Stofftiere mit ihm sprachen, doch es war schon zu groß, um noch wirklich daran zu glauben.

»Wirf endlich dein hässliches altes Spielzeug raus!«, schrie die Mutter einmal, als sie ins Zimmer kam. »Du bist zu alt dafür, du meine Güte!«

Arabella Pusteblume geriet fast in Panik, als die Mutter die Kiste packte; wenn sie sie nun hinauswerfen würde, wäre es vorbei. Der Tabalin müsste weiterwandern, und das, ohne seine Aufgabe bei Lara-Ann beendet zu haben, denn sie brauchte ihn dringend.

Lara-Ann jedoch entriss der Mutter die Kiste und stellte sie zurück auf ihren Platz. »Das geht dich nichts an!«, schrie sie zurück. »Es ist *mein* Zimmer!« Und knallte die Tür vor der Mutter zu.

Unter Tränen holte sie ihre drei liebsten Freunde ins Bett und entschuldigte sich bei ihnen. »Ihr seid viel besser als meine doofen Freundinnen, die sich über mich lustig machen, weil ich keinen Freund habe«, flüsterte sie. »Wir bleiben für immer zusammen.«

Aber warum hatte Lara-Ann keinen Freund?, fragte sich Arabella Pusteblume. In einigen Monaten wurde sie vierzehn, sie war hübsch und … nun ja, gelacht hatte sie in letzter Zeit allerdings nicht mehr viel, sondern meist einen verkniffenen Zug um den Mund gehabt. Das mochten Jungs nicht besonders, das stimmte schon.

Manchmal wünschte sich Arabella Pusteblume, sie könnte das Zimmer verlassen. Tabalin hatte Sorge, dass er eines Tages doch weiterwandern musste, ohne Lara-Ann geholfen zu haben. Manchmal kam das vor. Die Nacht war überall, aber nicht der Tabalin.

Eines Nachmittags stürmte Lara-Ann ins Zimmer und warf die Schultasche in eine Ecke. »Heute hat Papa mich wieder abgeholt!«, rief sie wütend. »Ich mag das nicht. Ich mag überhaupt nicht, dass er dauernd um mich ist, ich bin viel zu alt dafür! Alle lachen schon über mich!«

Die Nacht kam. Während Lara-Ann sich unruhig in ihrem Bett wälzte, berief Arabella Pusteblume eine Versammlung ein.

»Die Lage ist ernst«, sagte sie. »Ihr alle müsst euch bereithalten, denn Lara-Ann hat Schwierigkeiten. Ich werde euch sagen, was zu tun ist. Bis dahin seid für sie da.«

»Siiin' wir doch immer«, wieherte Wiiha. »Das iiis', was wir siiin'!«

»Hast du selbst gesagt!«, bekräftigte Itsybitsy.

Nicht alle machten mit. Die kleinen Spielzeuge feierten Party, wie immer. Sie konnten sich nicht einmal an den Namen ihrer Besitzerin erinnern. Zu ihnen hatte Lara-Ann nie eine tiefere Beziehung aufgebaut oder ihnen ihre Geheimnisse anvertraut. Dennoch bildeten auch sie eine Verbindung und halfen dem Tabalin auf ihre Weise bei seiner Arbeit.

Am nächsten Tag gab es wieder einmal Streit, und Lara-Ann wollte verzweifelt mit ihrer Mutter reden, doch die hörte nicht zu. Sie musste etwas Wichtiges für den nächsten Tag vorbereiten und ermahnte die Tochter, endlich mal an andere und nicht immer nur an sich zu denken.

Daraufhin rannte das Mädchen auf sein Zimmer und knallte die Tür zu.

Die Nacht kam. Es wurde still im Haus. Die Mutter war schlafen gegangen, wahrscheinlich hatte sie Tabletten genommen, um am nächsten Tag für den wichtigen Termin erholt zu sein.

Es klopfte an die Tür, und dann trat Lara-Anns Vater ein. Es war schon spät, Lara-Ann lag im Bett und blinzelte verschlafen aus dem Kissen. Leise schloss ihr Vater die Tür und ging zu Lara-Anns Bett.

Sein schattenhafter Körper schob sich vor das Licht der Straßenlaterne, das durchs Fenster hereinfiel und den Raum in ein kühles Dämmerlicht tauchte.

»Hey, du«, sagte er leise und setzte sich an die Bettkante. »Tut mir echt leid. Mama hat's nicht so gemeint. Sie ist einfach gestresst. Nächsten Monat hat sie Urlaub, dann wird alles wieder gut.«

»Schon in Ordnung, Papa. Wir können morgen drüber reden«, murmelte Lara-Ann.

»Aber ich kann nicht schlafen, solange meine Prinzessin böse auf mich ist.«

»Ich bin nicht böse. Okay? Jetzt lass mich schlafen, ich hab morgen früh Schule.«

»Beweis mir, dass du mir nicht mehr böse bist.«

»Ich mag jetzt nicht. Ich bin müde.«

»Komm schon, Kleines. Zeig deinem Papa, dass du ihn lieb hast. Du machst mich sonst sehr traurig. Wir sind doch ein Team.«

Seufzend setzte das Mädchen sich auf, legte die dünnen Arme um den Hals des Vaters und schmiegte sich an ihn.

»Einen Kuss, einen kleinen.«

Arabella Pusteblume hörte das Geräusch eines schmatzenden, saugenden Kusses. Sie hatte nicht den Eindruck, dass so Lippen auf einer Wange klangen.

»Und jetzt schmusen wir noch ein bisschen.«

»Ich mag das nicht, Papa.«

»Sei ein liebes kleines Mädchen. Du bist doch Papas Schatz. Ich hol dich morgen von der Schule ab, dann fahren wir ins Einkaufszentrum, und ich kauf dir was Schönes.«

»Papa, bitte.«

»Lara-Ann! Stell dich nicht so an. Wir wollen uns doch vertragen, oder? Willst du deiner Mutter noch mehr Ärger machen?«

Arabella Pusteblume sah die Bewegung von Lara-Anns Hand, die nach unten glitt. Ihr Vater bewegte sich auf der Bettkante und ließ leise Laute hören.

Plötzlich hielt er Lara-Anns Hand fest und drehte sich um. Er sah Arabella Pusteblume direkt in die Glasaugen.

»Diese Puppe beobachtet mich«, sagte er.

»Sei nicht kindisch, Papa. Arabella Pusteblume ist nur eine Puppe«, erwiderte Lara-Ann.

»Sie ist ein grässliches Ding. Ich verstehe überhaupt nicht, wie du mit ihr spielen kannst. Du bist sowieso längst zu alt dafür, und diese Puppe ist grotesk und schäbig. Ich bringe sie morgen zur Stiftung.«

»Aber Papa …«

»Still, mein großes Mädchen. Du brauchst nur noch mich, niemanden sonst.«

Lara-Anns Vater drehte sich zur Seite, und Arabella sah etwas aus seiner Hose aufragen, um das Lara-Anns kleine Hand sich schüchtern schloss, nachdem ihr Vater ihren Arm daran geführt hatte.

Lara-Ann schluchzte unterdrückt. »Bitte, Papa, ich will aufhören.«

»Gleich, mein tapferes Mädchen«, versprach der Vater. »Du weißt doch, worum es geht, ich habe es dir erzählt. Nur du kannst es. Das Ungeheuer muss gebändigt werden, meine kleine Heldin«, keuchte er.

Allerdings, dachte Arabella Pusteblume. Sie merkte, wie Itsybitsy und Wiiha heranrückten und nickte ihnen zu. Die beiden hatten begriffen und wussten, was sie zu tun hatten. Sie würden für Lara-Ann da sein und ihre Tränen trocknen. Keine Alpträume mehr.

Und Arabella Pusteblume würde sich um das Ungeheuer kümmern, viel intensiver und nachhaltiger als Lara-Ann.

Mein ist die Nacht, dachte der Tabalin.

Der Wuenschelbrunnen

»Ach, menno!« Tobias pfefferte seine Schultasche auf die Bank bei der Haltestelle und setzte sich daneben, den Kopf in die Hände gestützt, und brütete finster vor sich hin. Der Bus kam, aber Tobias stieg nicht ein.

»Der nächste Bus kommt erst in einer halben Stunde«, erklang eine freundliche Stimme neben ihm. Auf der Bank saß plötzlich ein alter, bärtiger Mann mit Hut und Mantel. Tobias hatte ihn gar nicht kommen sehen, er war viel zu sehr mit sich beschäftigt gewesen.

»Wenn schon!« Tobias schmollte. »Hab den ersten auch nicht genommen.« Was keine gute Idee war, denn seit der Baustelle waren die Verbindungen von der Schule nach Hause nicht gut. Dauernd Verspätungen, vor allem in der Früh.

»Mhmm«, machte der Mann und setzte ein gütiges Lächeln auf. Seine Nase zierte eine schmale Brille, über die hinweg ein Paar funkelnde Augen, blau wie ein klarer Wintertag, Tobias musterten. »Schlechte Note?«

»Sechser in Mathe«, brummte Tobias. »Trau mich noch nicht heim. Meine Eltern haben so darauf gesetzt, dass ich es schaffe. Ich weiß echt nicht, wie ich ihnen das beibringen soll! Mama fängt sicher an zu weinen, weil ich durchfalle, und Papa wird ziemlich sauer sein.«

»Da findet sich bestimmt eine Lösung«, versuchte der alte Mann zu trösten.

»Zum dritten Mal?« Tobias seufzte. »Nee. Ich wünschte, es gäbe eine gute Fee oder so was, ich hätte nur einen Wunsch! Einen einzigen, aber der würde einfach alles ändern.«

»Darauf kannst du wetten«, sagte der Mann. »Und du meinst, nur mit einem Wunsch wäre es getan?«

»Klar!«, antwortete Tobias überzeugt. »Ich will ja nicht mal eine Eins, die würde mir sowieso keiner abnehmen. Aber eine Zwei oder Drei, das wäre doch was! Ich käme in die nächste Klasse, und im Sommer müsste ich nicht dauernd büffeln, sondern wir würden zwei Wochen nach Thailand fliegen, wo man ganz toll schnorcheln kann! Das haben sie mir versprochen, wenn ich es schaffe! Und ab Herbst dann werde ich superfleißig sein!«

»Mit Wünschen sollte man besser vorsichtig sein«, meinte der alte Mann. Er deutete auf die gegenüberliegende Straßenseite. »Dort drüben stand früher mal eine Telefonzelle, als es noch keine Handys gab. Herr Krabitz hat damals seine Frau angerufen, bevor er überfahren wurde. Er hängte auf, rannte laut lachend auf die Straße – und übersah das Auto. Hat nicht mal gemerkt, dass er überfahren wurde, er war sofort tot, und lächelte dabei immer noch.«

»Aha«, machte Tobias gelangweilt. Sich das angestaubte Dauergelaber eines einsamen Opas anzuhören war das Letzte, was er jetzt brauchte.

Der alte Mann fuhr ungerührt fort: »Und das kam nämlich von dem Wünschelbrunnen.«

»Hä? Meinen Sie etwa den Neptunbrunnen? Der steht doch mitten im Zentrum und nicht hier.«

»Hast du mir zugehört? Ein Neptunbrunnen hat mit Neptun zu tun, und ein Wünschelbrunnen mit Wünschen.«

»Also erfüllt nicht Neptun die Wünsche?« Tobias verdrehte die Augen. Wieso sollte Neptun auch in einem Brunnen stecken. Was für ein Unsinn!

Der bärtige Mann wirkte ungehalten. »Willst du die Geschichte hören oder nicht? Dann lass mich erzählen.«

»Ja, schon gut«, beschwichtigte Tobias, der rasch erkannte, dass er nicht auskam. Schnell wegrennen, aber wohin? Und den nächsten Bus durfte er nicht verpassen, danach müsste er nämlich eine Stunde warten und dann wurde es schon dunkel. Das gäbe daheim erst so richtig Gezeter. Er ergab sich in sein Schicksal. Allerdings, das musste er nach einer Weile zugeben, in der er notgedrungen zuhörte, der Alte konnte gut erzählen. Tobias glaubte auf einmal, Herrn Krabitz (der ja eigentlich tot war) leibhaftig dort die Straße entlangschleichen zu sehen, traurig und gebeugt.

Ja, Tobias begleitete Herrn Krabitz sogar hinein in einen verwunschenen alten Garten mit einer verfallenen Villa. Gleich hier in der Nähe, obwohl das definitiv nicht möglich war.

»Und das mitten hier in der Stadt?«, fragte Tobias erstaunt. »Ich hab den Garten noch nie gesehen …«

»Oh, er ist noch immer da, mein Junge, man muss nur ein Auge dafür haben und nicht einfach gedankenlos durch die

Gegend stolpern«, erwiderte der alte Mann. »Jetzt steht Herr Krabitz vor dem Brunnen. Ein großer, alter Brunnen aus Stein, von dem der Mörtel schon abbröckelt, und die Ziehpumpe ist längst verrostet und zerfällt wahrscheinlich, wenn man sie anfasst. Horch hin, was er sagt!«

Der kleine, hagere Mann mit der schütteren Halbglatze stand vor dem Brunnen und klagte: »Was soll ich nur tun, was soll ich nur tun! Es gibt keinen größeren Pechvogel als mich. Sie haben mich rausgeschmissen, fristlos entlassen, nur weil meine dumme Allergie wieder zum Ausbruch kam und ich niesen musste. Dass ich dabei versehentlich auf den Schalter gekommen bin, kann doch passieren, oder? Für den Totalausfall und den Millionen-Storno kann ich nun wirklich nichts! Ich bin eben ein kranker Mann, aber ich habe mir immer Mühe gegeben, alles richtig zu machen! Ich hab niemandem was getan und verlange doch nicht viel mehr als ein bisschen Achtung und Frieden in meinem Leben. Aber nein, es kommt noch schlimmer … als ich heimgehe und Elsbeth alles erzähle …«

»Elsbeth?« Tobias kicherte.

»Seine Frau«, murmelte der alte Mann. »Waren andere Zeiten, damals. Still jetzt, hör weiter zu!«

»… fort!«, lamentierte Herr Krabitz. »Einfach die Koffer gepackt und ab zu ihrer Mutter! Ich konnte sie nicht aufhalten, weil ich schon wieder niesen musste, und Atemnot hatte ich auch, und nun … wie soll es nur weitergehen …« Er brach in Tränen aus. »Du bist mein letzter Rettungsanker!« Er schniefte und schaute in den Brunnen hinein. »Ich weiß, man soll solchen Geschichten keinen Glauben schenken, aber was hab ich schon zu verlieren? Nur den Groschen hier.«

»Groschen?«, fragte Tobias stirnrunzelnd. Aus welchem Jahrhundert stammte diese Geschichte eigentlich? Hatte es die Stadt damals überhaupt schon gegeben?

»Cent«, brummte der Alte. »Ist doch egal. Schau hin!«

Und Tobias sah, wie Herr Krabitz besagte Münze in den Brunnen warf. »Der glaubt doch wohl nicht in echt an so 'nen Quatsch, oder?«

»Warte ab«, riet der Alte.

Und tatsächlich, da kam ein Leuchten aus dem Brunnen herauf.

Ein warmer, goldener Lichtstrahl, der Herrn Krabitz mit glitzerndem Zauber umgab.

Tobias staunte mit offenem Mund. »Wow«, flüsterte er.

»Äh … Brunnen? Hallo? Also, ich hoffe, du hörst mich.« Herr Krabitz räusperte sich und fuhr fort: »Was ich mir am meisten von allem in der Welt wünsche, ist Gesundheit. Weil, wenn man gesund ist, kann man einfach alles erreichen. Mehr will ich gar nicht. Also, wenn es möglich wäre, hätte ich gern diesen Wunsch erfüllt. Vielen Dank.« Er wandte sich ab und entfernte sich ein paar Schritte. Tobias fiel auf, dass Herr Krabitz auf einmal viel beschwingter ging und nicht bei jedem dritten Schritt nach Luft rang.

»Das klappt ja!«, stellte er baff fest.

»Allerdings«, stimmte der Alte zu.

»Aber das Licht brennt immer noch«, murmelte Tobias und hätte gern Herrn Krabitz darauf aufmerksam gemacht.

Der Alte hob den Arm und deutete. »Herr Krabitz sieht es, schau!«

Herr Krabitz drehte sich um. »Was, da geht noch mehr? Ja, wenn das so ist …« Er kehrte zum Brunnen zurück. »Ja hallo, da bin ich nochmal. Also, wenn es machbar wäre, dann hätte ich gern noch einen oder zwei Wünsche mehr erfüllt. Weil im Märchen ist es doch so, aller guten Wünsche sind drei, nicht wahr? Und zwar … möchte ich reich sein. Ich hab letzte Woche Lotto gespielt, und ein Sechser käme gerade recht, dann kann mir die Firma nämlich erst recht den Buckel runterrutschen. Und dann hätte ich gern noch Glück. Ja, genau. Ich will reich, gesund und glücklich bis an mein Lebensende sein, und wenn das eintritt, so soll es schnell und schmerzlos geschehen.«

»Cool!«, bemerkte Tobias. »Das ist doch perfekt! Da kann absolut nichts mehr schiefgehen!«

»So, denkst du?«, meinte der Alte.

»Funktioniert der Brunnen etwa doch nicht?«

»Oh ja, das tut er. Schau es dir an!«

Herr Krabitz verließ den Garten, zog einen Lottoschein aus seiner Tasche, blickte darauf und fing an zu strahlen. In großen Schritten, fast tanzend, lief er über die Straße zu der Telefonzelle, die es heute nicht mehr gab, aber die Tobias ganz deutlich dort stehen sah.

»Wo ruft er an?«

»Zu Hause, wie ich am Anfang der Geschichte bereits sagte.«

»Aber seine Frau … Elsbeth … war doch inzwischen weg, oder?«

»Sieh ihn dir an, Tobias. Was glaubst du, mit wem er da spricht?«

Tobias konnte zwar auf die Entfernung nichts verstehen, aber er sah Herrn Krabitz strahlen wie Meiers Rottweiler Fifi, wenn Tobias ihm ein Würstchen spendierte. Der kleine Mann hüpfte in der Zelle auf und ab vor Freude und schüttete einen Wasserfall aus Worten ins Telefon, sein Mund bewegte sich wie der Schnabel einer schnatternden Gans, und er malte mit einem Finger ein Herz auf die schmutzige Scheibe.

Dann stürmte Herr Krabitz glücklich strahlend und voller Energie, bei bester Gesundheit, aus der Telefonzelle auf die Straße.

»Achtung!«, schrie Tobias entsetzt und schlug die Hände vors Gesicht, bedeckte seine Augen.

Eine ganze Zeit verharrte Tobias mit klopfendem Herzen in der Haltung eines ängstlichen Igels und wartete darauf, dass der alte Mann ihn ansprach, ihn tröstete, einfach irgendetwas tat. Tobias konnte das Bild von Herrn Krabitz, als das Auto auf ihn zuschoss, nicht aus dem Kopf kriegen. Zum Glück hatte er rechtzeitig weggeschaut und nicht alles gesehen.

»Ich-ich hab's kapiert, hören Sie?«, stammelte er dumpf. »Ich werde eben noch mehr lernen und Nachhilfe nehmen und den Lehrer um eine mündliche Prüfung bitten, dann kann ich es schaffen, und wir fliegen trotzdem nach Thailand. Ich werde alles tun, versprochen!«

Schweigen antwortete ihm.

Tobias hob den Kopf und öffnete die Augen. Er saß allein auf der Bank. Hatte er etwa alles nur geträumt? Aber wie sollte er denn von allein auf so eine dumme Geschichte kommen? Phantasie war nicht gerade sein Ding, nicht mal bei Ausreden.

Sein Handy klingelte. Mama.

Tobias zögerte, dann nahm er doch an. »Bin gleich da, Mama«, piepste er und wurde rot, als er flunkerte: »Da war noch eine Besprechung wegen des Fußballspiels, aber der Bus kommt bald! Mach dir keine Sorgen.« Er legte auf, bevor seine Mutter nachhaken konnte und er aufflog. Sein schlechtes Gewissen war inzwischen so groß wie Ariana Grandes Haare lang (sie gefiel ihm ziemlich gut, und sogar ihre Stimme, obwohl sie eigentlich schon reichlich alt war, über zwanzig). Wie sollte er da jemals wieder rauskommen?

Seufzend stand er auf, als er den Bus vorn an der Kreuzung um die Ecke biegen sah, und schulterte seine Tasche.

Da sah er den Garten. Gleich hinter der Bank, auf der anderen Seite der schmalen Taxifahrbahn und dem Fahrradweg. Genau so wie in dem Traumbild. Das war ihm nie zuvor aufgefallen! Eine uralte, verfallene Villa, umgeben von efeuumrankten, knorrigen Eichen. Laub lag auf moosigen bröckeligen Steinwegen, magere alte Büsche versuchten, sich mit ein paar graugrünen Blättchen notdürftig zu bedecken. Selbst der Bretterzaun, der das Grundstück sichern sollte, war längst in sich zusammengefallen, und das sich mühsam an eine angeknackste Zaunlatte klammernde Schild »KEIN ZUGANG« war verblichen und kaum mehr lesbar.

Tobias dachte nach.

Die alte Katze und das Meer

Der alte Mann war pünktlich. Die Glocke der Kirche im Zentrum über dem Hafen schlug drei Uhr, und exakt beim dritten Schlag stellte der alte Mann wie jeden Tag seinen Klappstuhl auf, schöpfte aus dem Hafenbecken Wasser in den Eimer, stellte ihn rechts neben sich, setzte sich hin und steckte die Angel zusammen. Es war nur eine ganz einfache, selbst gebaute Angel, nicht dieses hochmoderne Zeug, das die Touristen draußen auf dem offenen Meer benutzten oder mit dem sie in Flussläufen herumwateten.

Der alte Mann hatte zeitlebens als Fischer gearbeitet und wusste, wie man Fische auch mit einfachem Gerät fing. Auf die Art des Hakens und den richtigen Köder kam es an, und das brachte man nicht mit Fabrikware, sondern nur durch geschickte Hände und Erfahrung zustande. Und dazu gab es noch so einige kleine Geheimnisse, die der alte Mann nicht preisgab.

Für die Fischerei war er längst zu alt, bezog eine bescheidene kleine Rente, mit der er gerade so auskam. Er konnte die Miete für sein kleines Zimmer aufbringen und sich das Nötigste zum Essen kaufen, für Fleisch reichte es meistens nicht. Aber danach stand ihm ohnehin nicht der Sinn. Der Fisch und er, sie beide waren auf einzigartige Weise ein Leben lang miteinander verbunden.

Und das Meer. Sein Zimmer mochte schäbig sein, seine Kleidung schon bessere Tage gesehen haben, aber jeden Morgen, wenn er die Läden öffnete, öffnete sich auch sein Herz bei dem Anblick des Meeres, über dem gerade die Sonne aufging. Das Glitzern da draußen, die sanfte Wellenbewegung, die Silhouetten der kreisenden Vögel auf der Suche nach todesmutig aus dem Wasser springenden Fischen. Dann lächelte der alte Mann das einzige Mal am Tag, mit einem warmen Glanz in den Augen, und leise pfeifend ging er zum Waschbecken, machte sich an den täglichen Kampf gegen die rauen Stoppeln, spritzte ein wenig Wasser ins Gesicht und wusch die rauen, groben Hände mit Seife. Danach das Gebiss eingesetzt und mit dem Kamm durch die schütteren grauen Haare gefahren.

Ein kleines Frühstück, anschließend ein paar Einkäufe, und dann ein Kaffee in der Bar mit einer Zigarette. Er ließ sich die Sonne ins faltige, dunkel gegerbte Gesicht scheinen und hörte dem leisen Rauschen des Meeres und den Schreien der Möwen zu. Jetzt war es an der Zeit, Lotterie zu spielen, zuletzt kaufte er sich die Tageszeitung und setzte sich an die Mole, um sie zu lesen.

Zum Mittagessen kaufte er sich ein Sandwich, und dann bereitete er sich darauf vor, »an die Arbeit«, wie er es nannte, zu gehen. Um drei Uhr, wenn das Sonnenlicht schon schräg auf das Wasser fiel und die Farben weicher zeichnete, war die beste Zeit.

Natürlich gab es wegen der Verschmutzung und Ausbeutung nicht mehr so viele Fische wie früher, und so richtig gesund waren die, die es noch gab, vermutlich auch nicht. Aber darüber machte der alte Mann sich keine Gedanken, wozu denn. Ob er nun an Lungenkrebs wegen einer filterlosen Zigarette oder an Darmkrebs wegen eines quecksilbervergifteten Fisches starb, spielte nun wirklich keine Rolle. Er war alt genug, seinetwegen mochte der Schnitter jeden Tag kommen, vom Leben hatte der alte Mann nichts mehr zu erwarten.

Außer jenen bewussten Moment am Morgen, den würde er vermissen.

Aber das konnte er vom Himmel aus auch haben. Oder wo man so hinging nach dem Tod. Da gab es viele gescheite Wissenschaftler überall in der Welt, doch von diesen Dingen hatten sie keine Ahnung. Deshalb interessierte es den alten Mann ebenfalls nicht sonderlich. Früher oder später würde er es herausfinden. Und sein Wissen für sich behalten, wie alle anderen auch.

Mit routinierten Handgriffen öffnete er an der linken Seite die kleine Tasche, in der er ein wenig Brot und eine Flasche Wasser mit sich führte, und außerdem die Dose mit den Ködern.

Während er den Angelhaken bestückte, murmelte er leise vor sich hin, rhythmisch wie ein Gebet oder Mantra, es war für Außenstehende unverständlich. Er bat das Meer höflich um eine Spende.

So, wie er es von seinem Vater gelernt hatte und der von seinem Vater davor.

Das Meer war hart und unnachgiebig, es nahm sehr viel. Aber es gab auch sehr viel, irgendwie kam es stets zu einem Ausgleich. Das Meer war die wahre Macht, nicht irgendein unsichtbarer Gott im Himmel.

Und falls ER doch mächtiger war, schnell ein Kreuz geschlagen und kurz zum Himmel geblickt, verzeih mir, alter Mann, Du kannst mich gern dafür tadeln, wenn ich demnächst vor Deinem Tor zum Himmelreich stehe.

Zuletzt warf der alte Mann die Schnur aus und ließ sich auf dem Klappschemel nieder. Den Hut schob er aus der Stirn und blinzelte in die Sonne. Die Temperaturen waren jetzt erträglich, und seinen alten Knochen tat diese sanfte Nachmittagswärme gut. Während die Angel für ihn auf Beute lauerte, lauschte der alte Mann auf die Geräusche hinter ihm.

Die Urlauber kamen von den Stränden zurück, mit oder ohne Kinder, um zu duschen und sich umzuziehen, einen Spaziergang an der Promenade entlang zu unternehmen oder einen Aperitif zu genießen, bevor sie nach einem Restaurant suchten.

Diese reihten sich hier alle entlang, und die ersten Kellner waren schon dabei, die Türen zu öffnen, Tische und Stühle aufzustellen und einzudecken. Kleine Ausflugsboote kamen zurück und fuhren an dem alten Mann, der an der Rinne saß, vorbei in den angrenzenden, stets vollgestopften kleinen Hafen. Segler trafen ein, auf der Suche nach einem Anlegeplatz, die viel zu selten und daher immer heiß begehrt waren.

Der alte Mann saß mitten in diesen Geschehnissen und war dadurch nie allein. Er nahm Anteil, ohne dass er ein Wort reden oder gar seine Aufmerksamkeit auf eine bestimmte Person richten musste.

Die Fische bissen trotz des Trubels, darüber machte er sich keine Gedanken. Sie waren hier geboren und hatten gelernt, dass viele Menschen zumeist Futter bedeuteten. Deswegen war auch diese Uhrzeit so günstig, denn ab dem Nachmittag bis zum Abend wurde häufig gefüttert oder es wurden Abfälle von den Schiffen ins Wasser geworfen. Das Angebot war reichhaltig, sodass die Fische schnell wuchsen. Damit blieb für alle etwas übrig, für die Möwen ebenso wie den alten Mann. Vor allem an dieser Stelle. Er kannte alle Plätze, und dieser hier war der beste.

Um vier Uhr wurde es wieder ein wenig ruhiger, denn die Touristen zogen sich in die Hotels zurück, die Kellner waren jetzt drinnen in den Räumen beschäftigt.

Für eine Stunde machte sich eine träge, entspannte Stimmung breit, mit ruhigen, gleichmäßigen Hintergrundgeräuschen.

Der Eimer des alten Mannes füllte sich. Heute war ein guter, ein sehr guter Tag. Mit diesem Fang würde er sich extra etwas dazu verdienen können, indem er einige Fische an den Händler in seiner Straße verkaufte. Das brachte ein paar Zigaretten, kleine Süßigkeiten, eine Flasche Wein, vielleicht sogar ein Hühnchen.

Da hörte er das Miauen.

Zuerst achtete der alte Mann nicht darauf. Katzen gab es hier am Kai entlang immer haufenweise, sie waren lästige, räudige Tiere, die versuchten, seinen Fisch zu stehlen. Manchmal schlossen sie sich sogar zu Diebesgruppen zusammen und arbeiteten organisiert, wenn sie eine besonders lohnenswerte Beute ausgemacht hatten. Sie lärmten, hurten herum, stritten und kämpften.

Aber wenn sie etwas von ihm wollten, ein Stückchen Fisch beispielsweise, dann waren diese scheinbar so unabhängigen, stolzen Tiere anschmiegsam und schnurrig, strichen um seine Beine und taten so, als hätten sie ihn unglaublich gern. Verlogene, heuchlerische Biester, nur um sich etwas Futter zu erschwindeln; er mochte sie nicht.

Die Katze schrie lauter, offenbar verzweifelt. Es klang wie ein weinendes Baby.

Der alte Mann fühlte sich gestört, und es gelang ihm nicht mehr, sich auf den Fisch zu konzentrieren, der gerade am Haken zappelte. Schon war er weg! Der Fluch schlüpfte von den runzligen Lippen, bevor er ihn zurückhalten konnte; schnell noch ein Kreuz geschlagen und kurz zum Himmel geblickt. Und dann eine Entschuldigung ans Meer, um es nicht zu erzürnen.

Das Miauen wurde kläglicher. Und leiser.

Gut.

Der alte Mann angelte den nächsten Fisch, löste den Haken aus der wulstigen Lippe und warf das zappelnde Tier zu den anderen in den Eimer, wo es sich glotzäugig und mit aufgerissenem Maul dem Ballett der sich windenden und mit dem Schwanz schlagenden Schuppenkörper anschloss. Es war gerade so viel Wasser darin, dass sie nicht erstickten. Der alte Mann musste den Eimer noch heben und tragen können.

»Miiiaaaaaauuuuu …«

Nur noch ein Piepsen, viel mehr war nicht übrig.

Der alte Mann runzelte missmutig die Stirn. Diese Störung machte ihm allmählich zu schaffen, sie brachte ihn aus der Routine.

Andererseits: Der Eimer war voll. Hatte sowieso keinen Sinn mehr, weiterzumachen. Also konnte er genauso gut zusammenpacken und gehen.

»Miii …«

Na schön! Dann schaute er eben nach!

Gereizt erhob er sich, wobei der Schemel umfiel und dabei passenderweise zusammenklappte. Der alte Mann trat an den Rand heran, wo das Meerwasser leise gegen die algenglitschigen Mauersteine plitschte. Nichts. *Natürlich* war da nichts, Katzen waren schließlich keine Fische. Also wo sollte da eine sein?

»Miii...iiii …«

Aber das jämmerliche Klagen kam genau von hier! Jetzt wollte er es aber doch wissen.

Ächzend ließ der alte Mann sich auf die knochigen Knie nieder und beugte sich vorsichtig vor, spähte links und rechts die Mauer entlang.

Und da sah er sie. Sie hatte sich irgendwie in einem vor sich hinmodernden Strick verheddert, mit dem ein uraltes, keineswegs mehr seetüchtiges kleines Fischerboot an einem Ring in der Mauer verzurrt war.

Große, ängstliche Augen starrten ihn an. »Miau«, flehte die Katze. Sie fing an zu strampeln und machte damit nur alles schlimmer.

»Hör auf!«, herrschte der alte Mann sie an, ein wenig erschrocken über den rau krächzenden Klang seiner Stimme. Er war es kaum mehr gewohnt zu sprechen, ein paar Worte beim Kaffee, zum Zeitungshändler, aber das war es auch schon. »Das bringt doch nichts.«

Er sah sich um. Kein hilfsbereiter Tourist in der Nähe? Viele von ihnen zeigten im Urlaub ein weiches, mitleidiges Herz. Fütterten die »armen Tiere« eine Woche lang durch und verschwanden dann für immer, ohne noch einen Gedanken daran zu verschwenden, wie es mit den »armen Tieren« anschließend weitergehen sollte. Und der alte Mann hatte noch mehr Plagen um sich, die bettelten. Deshalb war er konsequent: Er gab niemals etwas. Wie sollte er? Er konnte sie nicht alle ernähren, und nicht jeden Tag. Und es würden dadurch vor allem immer mehr.

Da war niemand. Ein paar Leute flanierten an der Promenade zwischen der Kaimauer und den Restaurants entlang, doch sie waren zu weit weg, um den alten Mann in seiner merkwürdigen Haltung überhaupt zu bemerken.

Verflixt. Verflixt, verflixt. Er sollte auf der Stelle aufstehen und verschwinden, das ging ihn nichts an, niemand und nichts ging ihn etwas an, er war alt und hatte genug mit sich selbst zu tun.

Die Katze keuchte. Ihre Bewegungen erlahmten. Sie schien aufzugeben.

Der alte Mann kroch auf allen vieren am Rand zu der Stelle, wo der Ring befestigt war. War sein Arm überhaupt lang genug, um da hinunterzureichen?

Er versuchte es auf die eine oder andere Weise, doch vergeblich.

Schließlich blieb ihm nichts anderes übrig, als sich ausgestreckt hinzulegen und mit beiden Armen nach dem Tau zu fassen und zu sich herzuziehen. Die wichtigste Hürde war genommen, die Befreiung der Katze nur noch ein Kinderspiel. Als Fischer verstand er sich auf verhedderte Netze und Knoten, die nicht fachmännisch geknüpft worden waren.

Die Katze hielt vollkommen still. Sie hatte begriffen, worum es ging. Das imponierte dem alten Mann. Sonst waren diese Viecher so dämlich, sich durch Sturheit und Ignoranz lieber selbst umzubringen, als nachzugeben.

Diese nicht.

Der letzte Knoten war gelöst. Die Hände des alten Mannes ergriffen einen mageren kleinen Körper, und plötzlich hatte er Angst, zu fest zuzupacken und damit dem Tier sämtliche Knochen zu brechen. Er hielt die Hände locker, und die Katze hing reglos und schlaff darin, wie ein Junges im Maul der Mutter. Sie vertraute ihm. Vertraute darauf, dass er sie jetzt nicht einfach fallen ließ.

Der alte Mann rollte sich auf die Seite, richtete sich auf und setzte die Katze behutsam vor sich ab.

Sie sahen sich an.

Im Grunde genommen war die Katze ein animalisches Abbild seiner selbst, dachte der alte Mann erstaunt. Denn sie – oder vielmehr *er*, denn es war ein unkastrierter Kater –, war alt. Er hatte ein schütteres Fell, das früher einmal grau getigert gewesen sein mochte und jetzt ein *irgendwas-schmutzigfahl* war, wie das fleckige Tuch eines Aquarell-Malers, mit dem er die ausgewaschenen Pinsel abwischte. Die Ohren trugen die Spuren vieler Kämpfe, ein Hinterbein war krumm, und der Schwanz hatte einen Knick. Der alte Mann hatte selten etwas gesehen, das noch schäbiger war als er selbst.

Aber die Augen, diese Augen. Kristallklar, groß, gelb mit einem Hauch von grün. Sie waren unverwandt auf den alten Mann gerichtet, ohne Scheu, ohne Angst, eher ein wenig neugierig und fragend.

»Könntest ruhig danke sagen«, brummte der alte Mann, während er sich mühsam wieder auf die Beine kämpfte und steif zu seinen Sachen stakste. Zum Glück hatte niemand etwas von den Vorgängen mitbekommen und die Gelegenheit genutzt. Wäre nicht das erste Mal.

Er packte zusammen und machte sich auf den Weg nach Hause.

Der alte Kater folgte ihm.

»Jetzt ist es aber genug!«, schnarrte der alte Mann und machte einen Lufttritt, um den ungebetenen Begleiter fortzuscheuchen. Er verlor dabei beinahe das Gleichgewicht, der Eimer schwankte bedrohlich, und Wasser schwappte heraus. »Verschwinde!«, rief der alte Mann. »Deinetwegen verliere ich noch die Fische!«

Zum Glück war es nicht weit, denn der Eimer wog mit jedem Schritt schwerer. Der alte Mann bog von der Hauptstraße in einen Seitenweg ab, um zum Hintereingang des Fischhändlers zu gelangen.

Die Verhandlung war diesmal noch zäher als sonst, der Fischhändler redete von den Sorgen um sein Geschäft und die steigenden Preise, der alte Mann konterte mit seiner Rente, die immer weniger würde, und schließlich waren sie sich doch einig.

An der Hausecke wartete der alte Kater und folgte dem alten Mann bis vor die Wohnungstür und dann über die Schwelle, so plötzlich flink und wendig, dass der alte Mann es nicht mitbekam und erst bemerkte, als er das Tier *in* seinem Zimmer vor sich sah.

Nun wurde er zornig. »So geht das nicht!«, rief er, stellte seine Sachen ab und versuchte mit wedelnden Armen und Lufttritten, das Tier hinauszuscheuchen. »Ich habe dir das Leben gerettet, aber glaub bloß nicht, dass ich deshalb verpflichtet bin, mich um dich zu kümmern!« Er wurde atemlos. So viel auf einmal hatte er schon lange nicht mehr geredet. »Hau ab!«, fügte er knurrend hinzu, und mit einem Fußtritt, der nur noch um Wimpernlänge angedeutet war, konnte er die Katze endlich verjagen und eilig die Tür zuschlagen.

Am nächsten Morgen saß der alte Kater vor der Tür, ging auf respektvollen Abstand und folgte dem alten Mann. Immer zwei, drei Meter hinter ihm, leicht seitlich, stets darauf bedacht, in Deckung zu springen.

Der alte Mann beachtete ihn nicht, das schien ihm der einzige Weg zu sein, das lästige Tier irgendwann loszuwerden.

»Ist das deiner?«, wollte der Besitzer der Bar wissen, und der alte Mann gab sich verwundert.

»Was denn?«

»Na, dieser räudige alter Kater da, ein hässlicher Krampen.«

Er schüttelte den Kopf. »Was sollte ich mit einer Katze?«

»Scheint ja fast am Verhungern zu sein, so dürr ist diese Flohherberge.«

»Das geht mich nichts an.«

Der alte Kater wartete vor dem Supermarkt, und der Zeitungsverkäufer bemerkte ihn ebenfalls, doch erneut bestritt der alte Mann, das Tier jemals gesehen zu haben oder gar verantwortlich dafür zu sein.

Auf der Mole zum Zeitunglesen saß der Kater nicht weit von dem alten Mann in der Sonne und ließ sich auch nicht von wildem Papierwedeln beeindrucken.

»Jetzt hast du es geschafft!«, schnaubte der alte Mann wütend. »Du hast mir den ganzen Tag verdorben! Ich gehe nach Hause!«

Er schlug die Tür rechtzeitig vor der kleinen rosa Nase zu.

Beinahe wäre er gar nicht zum Angeln gegangen, so außer sich war er. Er hasste jede noch so kleine Unterbrechung in seinem Alltag, das war einfach nichts mehr für sein Alter. Alles musste seine Ordnung haben. Früher war es unberechenbar genug gewesen mit dem launischen Meer und den Fischschwärmen, die nie dort waren, wo sie sein sollten. Und dazu die Frauen, die Männerfreundschaften, all die Rivalitäten und Auseinandersetzungen. Ständig diese Anspannung.

Aber heute, gerade weil er sich kaum etwas leisten konnte, heute empfand er seinen Lebenssinn darin, dass er einen geregelten Tag hatte und sich nie gehen ließ. Seine Kleidung war alt, aber sauber, er fiel niemandem zur Last und sorgte für sich selbst, ohne eine staatliche Fürsorge in Anspruch zu nehmen.

Und diese dumme alte schäbige Katze wollte jetzt alles durcheinanderbringen? Ihn fordern? Nicht mit ihm!

Also packte er doch seine Sachen, stampfte hinaus und schaffte es gerade noch pünktlich beim dritten Glockenschlag zur Promenade, natürlich mit dem kleinen Schatten im Schlepptau, den er geflissentlich übersah.

Und da erwartete ihn der nächste Schock.

An *seinem* Platz saß schon einer, so ein Kerl in den Sechzigern, Frührentner oder so etwas, dem Aussehen nach noch voll in Saft und Kraft. Der alte Mann erkannte ihn, er war ein Herumtreiber, der sich ständig anbiederte, um denjenigen, der ihm dann half, anschließend zu hintergehen, ihm sein Geld abzuluchsen und sonst noch alles, was er an sich raffen konnte. Er war im ganzen Hafen bekannt, doch man wurde ihn nicht los, wie eine Warze klebte er an einem.

Der alte Mann war bisher von ihm verschont gewesen, aber nun hatte der Landstreicher wohl keine andere Rückzugsmöglichkeit mehr und … ja, was genau wollte der hier?

»Hau ab!«, schnauzte der Herumtreiber, bevor der alte Mann den Mund öffnen konnte.

Der alte Mann blieb stehen. Setzte behutsam seine Sachen ab. Holte Luft.

»Das ist mein Platz«, erklärte er ruhig, aber mit Nachdruck.

»Nicht mehr«, kam es zurück. »Ich bin jetzt hier, such dir was anderes.«

»Nein«, sagte der alte Mann beharrlich. »Der Platz gehört mir.«

Da stand der Herumtreiber auf. Gewiss, er war auch nicht mehr ganz jung, aber er war immer noch groß und muskulös, und seine Miene machte deutlich, dass er keine Scheu hatte, Gewalt anzuwenden, gleich welcher Art. »Hör zu, du alter Knacker«, zischte er. »Ich bin nachsichtig mit dir, weil dein Grabstein sowieso bereits in Arbeit ist. Respekt vor dem Alter, kapiert? Ich habe Respekt. Und deswegen wiederhole ich nochmals respektvoll, dass du sofort von hier verschwindest, bevor es unangenehm wird. Bevor *ich* unangenehm werde.«

Der Kellner aus dem Restaurant gegenüber kam heran. »He, was ist hier los? Unruhe dulde ich nicht.« Er gab dem alten Mann ab und zu ein Bier aus und auch schon mal eine kleine Mahlzeit, die übrig geblieben war. Doch ein Streit unter Leuten wie *diesen* wäre abträglich fürs Geschäft, welcher Tourist will sich schon an so einem Ort niederlassen, um zu speisen?

»Alles in Ordnung«, sagte der alte Mann beschwichtigend und hob die faltigen, groben Hände. Auf Unterstützung konnte er nicht hoffen, so nett der Kellner sonst auch zu ihm war. Das ginge zu weit. Der alte Mann war ein Almosen für ein gutes Gewissen wert, mehr aber auch nicht.

»Will's hoffen.« Der Kellner musterte den Herumtreiber durchbohrend. »Deine Visage gefällt mir nicht.«

»Wirst dich schon an sie gewöhnen«, gab der Herumtreiber zurück. »Das hier ist nicht dein Grund und Boden.«

»Wir werden sehen.« Der Kellner verschwand und damit die letzte Hoffnung des alten Mannes, sich durchsetzen zu können. Er war klein und gebrechlich, längst nicht mehr in der Verfassung wie noch vor zehn Jahren. Gegen diesen ruppigen Kerl kam er nicht an, mochte er sich noch so im Recht fühlen. Angst hatte er zwar keine. Aber er wusste, wo seine Grenzen lagen.

Er straffte seine Haltung. »Ich gehe nicht«, erklärte er rundheraus, bevor ihm bewusst wurde, was er da von sich gab. »Das ist auch nicht *dein* Grund und Boden. Ich habe jedes Recht, hier zu sein.«

Der andere funkelte ihn böse an. Dann zuckte er die Achseln. »Solange du mich nicht beim Angeln störst oder selbst angelst, kannst du meinetwegen Wurzeln schlagen.«

Auf eine Schlägerei wollte er es also doch nicht ankommen lassen, und das aus gutem Grund. Die Hafenpolizei war nicht zimperlich. Dem alten Mann würden sie nichts tun, aber den allseits bekannten Herumtreiber würden sie abführen und für wenigstens eine Nacht wegsperren.

Der alte Mann blieb auf Abstand, stellte den Klappstuhl auf und setzte sich. Er würde den Herumtreiber beobachten und darüber nachdenken, wie er seinen angestammten Platz zurückerobern konnte. Die Ausbeute gestern war so gut gewesen, dass er heute einen Tag aussetzen konnte, ohne in Not zu geraten. Das verlieh ihm die notwendige Gelassenheit, in Ruhe nachzudenken. Und den Herumtreiber dabei nicht aus den Augen zu lassen, der sollte es sich bloß nicht allzu gemütlich machen.

Ach du liebe Güte, was benutzte der da als Angel? Und als Köder? Dieser Haken! Der Kerl hatte keine Ahnung, nicht die geringste. Wahrscheinlich würde er schon deswegen aufgeben, weil er nichts fangen würde. Der alte Mann musste vielleicht gar nichts unternehmen.

Er wandte den Kopf und entdeckte den kleinen alten Kater zwischen zwei trocken gelegten Booten. *Das ist alles deine Schuld,* formulierten seine Lippen lautlos. *Du hast Dinge in Gang gesetzt, die nicht mehr kontrollierbar sind und zerstörst meinen ruhigen Lebensabend. Du treibst mich Freund Schnitter geradewegs in die Arme.*

»Miau«, sagte der Kater.

»Drecksviecher«, polterte der Herumtreiber los, als er auf die Katze aufmerksam wurde. »Gehören alle erschlagen!«

Der alte Mann schwieg. Er würde keine Unterhaltung mit dem Kerl beginnen. Gewiss, er mochte Katzen ebenfalls nicht, aber erschlagen? Im ganzen Leben hatte er keiner je etwas zuleide getan. Genau wie alles auf der Welt waren sie Gottes Geschöpfe; wer war er, die Dinge an Seiner statt in die Hand zu nehmen? Der Fischfang war etwas anderes, Haie jagten Fische, und Menschen eben auch, um zu essen und den Überschuss zu verkaufen, den andere aßen. Aber Katzen waren keine Beute. Schon, es gab Leute, die aßen Katzen, vor allem während des Krieges mochte das so gewesen sein. Aber der alte Mann könnte das niemals. Katzen waren Raubtiere. Lästig, das schon, doch sie taten dasselbe wie der Mensch, und sie hatten jedes Recht dazu. So etwas aß man nicht. Und man schlug es auch nicht einfach tot.

Der alte Kater stapfte auf den Herumtreiber zu, der tatsächlich schon einen kleinen Fisch in seinen Eimer geworfen hatte, und den zweiten gleich hinterher. Magere Ausbeute, aber immerhin! Der alte Mann begann zu zweifeln, ob er jemals etwas vom Fischen verstanden hatte, wenn so ein dahergelaufener Trottel einfach drauflos fing … ach was, Anfängerglück.

Aber was hatte dieses Katzenvieh nur vor?

Das fragte sich der Herumtreiber wohl auch. Auf einmal fuhr er herum, packte den alten Kater mit zielsicherer Schnelligkeit im Genick und hob ihn hoch. Er schüttelte das Tier, das daraufhin laut schrie und knurrte und sich wand. »Hau bloß ab, du dürres räudiges Vieh, ich mach dich kalt, zertrete dich unter meinem Stiefelabsatz, verstanden?« Er schleuderte den Kater weg, mit voller Wucht gegen ein Boot. Es gab einen dumpfen Schlag, das Tier fiel zu Boden und blieb benommen liegen.

Der Herumtreiber wandte sich dem alten Mann zu und richtete den gestreckten Zeigefinger drohend auf ihn. »Und mit dir mache ich dasselbe, wenn du dich morgen noch mal herwagst. Ich schwör dir, ich bring dich um, wenn du mich weiter so nervst.«

Da wurde er abgelenkt, weil der dritte Fisch anbiss.

Der alte Mann seufzte innerlich, während sein Herz noch wegen der Drohung, die ernst gemeint war, heftig pochte.

Dies war wirklich der beste Platz, nahezu magisch, selbst Dummköpfe kamen auf ihre Kosten.

Aber was sollte er tun? Er kratzte sich den stoppligen Hals und warf einen vorsichtigen Blick zu dem Boot. Der alte Kater war verschwunden. Also schien ihm nichts Ernsthaftes passiert zu sein. Erleichtert atmete der alte Mann auf. Aus zwei Gründen - die Katze war unversehrt, und sie war fort. Endlich war er sie los!

Eine halbe Stunde später zappelten schon fünf kleine Fische im Eimer des Herumtreibers. Der alte Mann hätte sie ja verschmäht und wieder zurückgeworfen, aber für einen Anfänger war diese Ausbeute schlichtweg ein Wunder.

Mit seinen Überlegungen war er noch keinen Schritt weiter, abgesehen davon, dass er nun doch Angst bekommen hatte. Lächerlich, das wusste er, aber er konnte es nicht ändern. Er verlor seinen Platz und womöglich sein Leben, wenn er darum kämpfte. Was sollte er nur tun?

Plötzlich bemerkte er aus dem Augenwinkel eine Bewegung und wandte den Kopf. Blinzelte.

Katzen.

Von überall her.

Und der alte Kater ging voran.

Der Herumtreiber wurde ebenfalls aufmerksam. »Was ist denn jetzt los?« Gereizt sprang er auf, doch da waren sie schon heran. Ein Dutzend, vielleicht mehr, kaum zu zählen in dem Gewusel. Sie stellten natürlich keine echte Bedrohung dar, klein und zart wie sie waren, aber in dieser Menge konnten sie mit Krallen und Zähnen durchaus einigen Ärger machen.

Und das taten sie.

Sie griffen den Herumtreiber fauchend und knurrend an, mit gebleckten Zähnen und ausgefahrenen Krallen. Sie verbissen sich in seinen Hosenbeinen, zerkratzten seine Arme, hingen überall an ihm dran, wollten ihm ins Gesicht springen.

Der Herumtreiber schrie und drehte sich im Kreis, schlug und trat um sich. Für jede Katze, die er wegschleuderte, griffen zwei andere an.

Einige Katzen machten sich über seine Sachen her, rissen und fetzten alles in Stücke, und zuletzt fiel die Angel ins Wasser und der Fischeimer stürzte um. In der untergehenden Sonne blinkende Fische zappelten nun auf dem Trockenen, direkt vor den hungrigen Mäulern, leicht zu erreichen. Die Katzen ließen von dem Herumtreiber ab und stürzten sich gierig auf die Beute, stritten sich darum und rannten schließlich davon, die mit den Fischen im Maul vornweg, die anderen hinterher.

Nur noch der alte Kater saß am Rand.

»Was ist denn hier los?« Der Kellner erschien wieder, die Arme in die Seiten gestemmt.

Der Herumtreiber stand blutend und in zerrissener Kleidung da, fassungslos, sprachlos.

»Hör mal, du Störenfried«, wandte der Kellner sich an ihn, »wir öffnen gleich. Du verschwindest augenblicklich und lässt dich nie mehr hier blicken, oder ich hole die Polizei. Ich mein's ernst. Deinetwegen werde ich nicht meinen Job verlieren.«

Der Herumtreiber hatte verstanden. Wortlos klaubte er zusammen, was von seinen Sachen und seiner Würde noch übrig war, und schlich davon. Der alte Mann spürte einen kurzen Impuls des Mitleids, doch er kämpfte ihn schnell nieder.

Er begriff noch kaum, was hier geschehen war. Aber eines war ihm klar: Sein Platz gehörte wieder ihm.

Der Kellner klopfte ihm auf die Schulter. »Mann, Typen gibt's«, stellte er grinsend fest. »Los, setz dich hin, ich bringe dir ein Bier.« Er wies mit dem Kopf zum Restaurant. »Weißt du, du bist inzwischen schon eine Art Lokalberühmtheit. Die Touristen haben von dir gehört, wie du Tag für Tag hier sitzt und angelst. Es gefällt ihnen, dich vor der untergehenden Sonne und mit dem Hafen als Kulisse zu fotografieren, das empfinden sie als romantisch und urtümlich, ›Land und Leute‹, wie sie das nennen, ›malerischer geht's nicht‹. Bestimmt findest du dich schon tausendfach im Internet. So ein Scheiß, aber was soll's. Ich hab dadurch ein volles Restaurant und eine gute Arbeit, und dafür geb ich dir einen aus. Die fragen dich ja sowieso nicht, ob sie dich fotografieren dürfen, und bezahlen wollen sie dafür erst recht nicht. Na, dann gebe ich dir halt einen Anteil, das merkt eh keiner in der Küche.«

Der alte Mann nickte. Ihm war schwindlig, sein Verstand hinkte den Geschehnissen immer noch hinterher. »Ja, ich muss dann mal, denn bald beißen sie nicht mehr.«

Der Kellner lachte und ging, und der alte Mann holte seinen Klappstuhl und stellte alles so auf, wie es sich gehörte, nur mit über einer Stunde Verspätung.

Aber seltsamerweise machte ihm das gar nichts mehr aus. Ja, er pfiff sogar leise vor sich hin, während er die Angel auswarf.

Nach einer Weile bemerkte er den kleinen alten Kater neben sich, nur noch auf einem halben Meter Abstand.

Der alte Mann steckte die linke Hand in die Tüte und zog etwas Eingewickeltes hervor. »Ich hab noch ein bisschen Hühnchen von gestern übrig. Magst du?« Er riss die Fleischstückchen in noch kleinere Fetzen, denn er wusste, Katzen mochten es gern mundgerecht serviert. Anschließend legte er das Einwickelpapier mit den Stückchen neben sich auf den Boden. »Guten Appetit.«

»Miau«, sagte der kleine alte Kater, dann ließ er sich in anmutiger Kauerhaltung vor dem Mahl nieder und schmauste. Nicht so gierig wie die Hafenkatzen sonst, sondern sehr gesittet und genussvoll, obwohl er sicherlich schrecklichen Hunger hatte. Doch er ließ sich Zeit, denn er wusste, niemand würde ihm diese Mahlzeit streitig machen, und von nun an würden auf diese gewiss noch viele weitere Mahlzeiten folgen. Anschließend leckte er sich satt und zufrieden das Mäulchen und fing an, sich zu putzen.

Der rotgoldene Schein der untergehenden Sonne schmeichelte ihm, machte sein Fell glatter und voller und verlieh ihm einen Abglanz der Jugend. Vor allem seine kristallklaren Augen bekamen ein besonderes Leuchten, das den alten Mann, der das magere Tier andächtig beobachtete, zutiefst berührte. Es nahm ihm die Angst, aber … auch den grauen Schleier, der sonst immer über ihm lag, mit Ausnahme jenes kurzen Augenblicks am Morgen. Als würde sich eine tiefe Dunkelheit in ihm lichten und die Sonne bis tief in sein Herz vordringen lassen.

Ein Fisch zerrte an der Angel, er bemerkte es kaum. Mechanisch zog er die Schnur ein, machte den Fisch los und warf ihn zurück.

»Du willst wohl verhindern, dass eines Tages keiner mehr da ist!« Lachend kam der Kellner heran, stellte ein Tablett mit einem Bierglas und einem Teller gegrillter Vorspeisen neben ihm ab. »Du bist in Ordnung, alter Freund, weißt du das? Hast dein ganzes Leben lang auf anständige Weise für dein Auskommen gesorgt. Das kommt nicht mehr oft vor. Jeden Tag halte ich Ausschau, ob du da bist. Deine Zuverlässigkeit beruhigt mich und zeigt mir, dass die Erde sich weiterdreht und nicht alles im Chaos versinkt.«

Der alte Mann trank das Bier und verzehrte die kleinen Köstlichkeiten. Die Angel lag ungenutzt neben ihm. Heute brauchte er keinen Fisch mehr.

Der alte Kater sprang auf seinen Schoß und ließ sich schnurrend nieder.

Ungelenk, behutsam, streichelte der alte Mann seinen Kopf, fühlte das weiche Fell hinter den Ohren.

Gemeinsam schauten sie auf das flammenübergossene Meer hinaus und dankten ihm für seine Gaben.

Ein Mann und ein Hund

Der Mann stand an der Brücke, schon mindestens eine Stunde lang. Jedes Mal, wenn er sich einen Ruck geben wollte, hielt ihn doch wieder etwas zurück. Aber warum? Er besaß ja nichts mehr außer dem, was er am Leib trug und ein paar wenigen Habseligkeiten, die in Plastiktüten passten. »Geh arbeiten, du fauler, stinkender Penner!«, beschimpften ihn die Leute. »Wir bekommen unser Geld auch nicht geschenkt, warum sollen wir für dich bezahlen?«

Der Mann wollte ja gar nichts geschenkt haben. Er wollte für sein Auskommen arbeiten. Doch wie sollte ihm das gelingen, nachdem er alles verloren hatte? Wie sollte er den Leuten begreiflich machen, dass die Maschen des Sozialstaats so groß waren, dass man leicht durch das Netz fallen konnte, sobald die Abwärtsspirale erst einmal in Bewegung gekommen war? Um Arbeit zu bekommen, brauchte er einen Wohnsitz und ein Bankkonto. Um einen Wohnsitz und ein Bankkonto zu bekommen, brauchte er Arbeit. Gewiss, das Gesetz schrieb vor, dass ihm zumindest ein Bankkonto zustand. Nur, die Banken bestätigten das und verwiesen ihn trotzdem auf eine andere Bank, weil das bei ihnen »im Angebot nicht enthalten« sei. Und wenn er zu den Ämtern ging, schoben die es auf die nächste Dienststelle: Hier, ausfüllen, Wiedersehen, der Nächste. Er hatte inzwischen bestimmt schon vierhundert Seiten Anträge ausgefüllt. Einige waren nur online möglich, aber dazu müsste er in ein Internet-Café, und da ließen sie ihn nicht rein, selbst wenn er für eine halbe Stunde bezahlen konnte.

Sicher, es gab schwarze Schafe auf der Straße, und am schlimmsten waren die Professionellen, die Bettelei als Beruf ausübten und nach getaner Arbeit in ihr Eigenheim fuhren, wohingegen die echten Obdachlosen, ohnehin schon gedemütigt genug, wieder leer ausgingen, weil sie übersehen wurden. Weil sie nicht so skrupellos waren im Betteln. Weil sie sich schämten, dass sie nicht einmal mehr Würde besaßen.

Also jetzt, dachte der Mann, jetzt springe ich aber wirklich. Warum soll ich mir das Tag für Tag antun? Ich habe Hunger, meine Klamotten halten nicht mehr lange, ich friere jetzt schon, dabei steht der Winter erst vor der Tür. Es gibt niemanden mehr, um den ich mich sorgen muss, und um mich sorgt sich auch schon lange keiner mehr. Das ist doch kein Leben, wenn es keinen Ausweg mehr gibt.

Er sah sich um, niemand in Sichtweite. Schob das Knie auf die Brüstung.

Da kam der Hund um die Ecke.

Der Mann sah den Hund, und der Hund sah ihn. Verharrte abrupt auf der Stelle, bereit zur Flucht. Zögerte plötzlich, legte den Kopf leicht schief. Schien ihn zu beobachten. Setzte dann langsam Fuß vor Fuß, kam geduckt näher. Ein Straßenhund, ohne jeden Zweifel, schon ein bisschen älter, so wie der Mann, und nicht weniger schäbig. Seine Schulter reichte dem Mann knapp bis zum Knie, er war zierlich und mager und semmelgelb. Die Beine zu lang und zu dürr, der Kopf ein wenig zu groß, mächtige Schlappohren – so richtig passte da nichts zusammen.

Aber diese Augen.

Große, braune, sanfte Augen, die den Mann unverwandt ansahen, während der Hund vorsichtig, in einer seltsamen Mischung aus Angst und Vertrauen, auf ihn zustapfte. Sich vor ihn hinsetzte. Das angewinkelte, halb auf die Brüstung geschobene Bein des Mannes mit der Pfote antupfte und leise winselte.

»Lass mich in Ruhe«, sagte der Mann. »Ich habe nichts für dich.«

Der Hund stupste noch einmal, winselte ein wenig lauter.

»ICH HABE NICHTS!«, brüllte der Mann, und der Hund zuckte zusammen und legte sich flach auf den Boden. Sah still zu dem Mann hoch. Der nahm das Bein herunter, stemmte die Füße gegen den Boden, um dem Hund deutlich zu machen, dass er bei einer wichtigen Handlung störte und gefälligst verschwinden sollte. Die schlaff herunterhängenden Arme hingegen machten keinerlei Anstalten, den Hund durch scheuchende Bewegungen zu verjagen.

Der Hund stand auf, reckte den Hals hoch, stupste den Mann mit der kalten Nase in die Hand. Dann leckte er kurz und ganz zart darüber, wie ein Küsschen. Danach setzte er sich wieder hin, legte den Kopf leicht schief und winselte.

Und schaute ihn an, aus diesen unglaublich sanften braunen Augen.

Der Mann begriff auf einmal, dass der Hund gar kein Würstchen oder einen Napf voll Futter wollte. Diese traurigen, zugleich so liebevollen Augen sehnten sich nach etwas ganz anderem. Als habe er die Hoffnung immer noch nicht aufgegeben, obwohl er keinerlei Grund dazu hatte, an ihr festzuhalten. Wahrscheinlich hatte er bis vor kurzem einem anderen Obdachlosen gehört, der gestorben war. So etwas kam vor.

»Ich will das nicht«, sagte der Mann und wandte sich brüsk zur Seite. »Das alles ist vorbei, verstehst du? Such dir einen anderen neuen Herrn. Ich habe dir nichts zu geben.«

Der Hund stupste ihn erneut in die Hand, stand da und wedelte, zuerst zaghaft, dann stärker. Er schmiegte sich an den Mann, fing an zu hecheln. Seine Art, zu kommunizieren. Und seine Sprache war ziemlich deutlich zu verstehen. Du bist allein, ich bin allein. Zusammen sind wir nicht mehr allein.

»Ich kann das nicht«, flüsterte der Mann, aber da neigte sich schon sein Körper zur Seite, damit seine Hand den viel zu großen Kopf erreichte. Die Finger ertasteten seidenweiches Fell. Der Hund drückte seinen Kopf dagegen und seufzte.

Der Mann spürte, wie ein Schauer den abgemagerten Körper des Hundes durchfuhr. Seine Kehle wurde eng. Wie lang hatte der Hund wohl schon danach gehungert? Dass ihm das wichtiger geworden war als der Kampf ums tägliche Überleben?

Langsam ging er in die Hocke, und der Hund drückte sich an ihn, ganz fest in seine Arme, schnaufte und schloss die Augen.

»Warum tust du das?«, flüsterte der Mann. Er streichelte das Fell und spürte das Hundeherz gegen die Rippen pochen. Das zierliche Tier verströmte eine Menge Wärme. Auf einmal pfiff der Wind nicht mehr so eisig, denn sie wärmten sich gegenseitig. Der Hund brummelte wohlig. Legte die Pfote auf das Knie des Mannes: Du und ich. Ab jetzt und für immer.

»Komm«, sagte der Mann nach einer Weile, richtete sich auf und ging los.

Heute nicht, dachte er. Der Hund braucht Futter.

Der Inhaber des kleinen Lebensmittelgeschäfts erwartete ihn schon. Der Mann bekam zwei-, dreimal in der Woche kleine Arbeiten für Essen und Trinken: im Lager kehren, Müll sortieren und rausbringen; lauter Tätigkeiten, die niemand sonst machen wollte. Der Inhaber hatte kein Geld, eine Hilfskraft dafür einzustellen, und keine Zeit, es selbst zu machen, denn es gab nur ihn und niemanden sonst. Deshalb hatte er schließlich, nach zunächst deutlichem Zögern, angenommen, als der Mann ihm den Vorschlag als Aushilfe unterbreitet hatte.

»Dachte, du kommst heute nicht mehr«, begrüßte er den Mann.

»Ja«, sagte der Mann.

Der Inhaber beäugte den Hund, der schwanzwedelnd zu ihm aufblickte. Das Maul war leicht geöffnet, als ob er lächelte. »Wer ist das?«

»Mein Hund«, antwortete der Mann. Es war ihm so herausgerutscht, aber das klang gut, fand er.

»Seit wann hast du ihn?«

»Seit gerade eben.«

»Ah.«

»Kann ich heute ein bisschen mehr arbeiten? Der Hund braucht dringend Futter.«

»Ja, ja.«

Der Inhaber stellte keine weiteren Fragen, sondern gab dem Mann Anweisung, was zu erledigen war. Der Hund half ihm dabei, nahm das eine oder andere Stück ins Maul und trug es dem Mann hinterher nach draußen. Die Männer mussten darüber lachen, und der Hund lachte jaulend mit. Er setzte sich hin, gab Pfote und wedelte eifrig mit dem Schwanz.

»Diese Augen. Hab ich noch nie bei 'nem Köter gesehen. Hab's ja nicht so mit denen, aber das hier ist ein ganz schlimmer Schlawiner«, sagte der Inhaber und schüttelte den Kopf. »Macht mal voran, ich muss jetzt in den Laden.«

Nachdem abends der Laden geschlossen war, fragte der Inhaber, während er die gut gefüllte Tüte mit Menschen- und Hundesachen überreichte: »Wo geht'n ihr jetzt hin?«

Der Mann zuckte die Achseln. »Weiß nicht. Im Asyl ist er nicht erlaubt. Ich such ein Plätzchen unter der Brücke oder so. Wenn wir uns aneinanderkuscheln, wird es schon nicht zu kalt.«

»Warum wirst du ihn nicht los?«

»Er braucht mich.«

»Hm.«

Der Inhaber dachte nach. Dann winkte er dem Mann. »Komm mal mit.«

Sie gingen bis ans andere Ende des Lagers, wo schon lange niemand mehr gewesen war, denn die Regale waren leer und staubig. Versteckt zwischen den Regalen gab es eine Tür, die der Inhaber öffnete. Dahinter befand sich eine winzige Kammer mit einem Lichtschacht, darin stand ein Bett mit Matratze, Decke und Kissen, dazu ein elektrischer Ofen, ein kleiner Tisch und ein Stuhl.

»Da nebenan, durch die schmale Tür, findest du Klo und Waschbecken, das ich tagsüber nutze«, erklärte der Inhaber. »Funktioniert alles. Hab ich mir vor vielen Jahren mal für den Fall eingerichtet, wenn's Zoff mit der Alten gab daheim. Jetzt isse ja längst weg, da hab ich keinen Grund mehr, auszuweichen. Wenn du es niemandem auf die Nase bindest und aufpasst, dass es keiner mitkriegt, dürft ihr beide hierbleiben.«

Der Mann und der Hund sahen den Inhaber an.

Der wirkte plötzlich verlegen. »Na ja, hab seit Jahren keine Frau mehr, keine Familie, bin immer nur allein hier im Laden und racker mich ab, und der Dank ist Rheuma und ein kaputtes Kreuz. – Ich muss mal sehen, ich hab bestimmt noch irgendwo abgelaufenes Hundefutter für die nächsten Tage, das eh schon abgeschrieben ist. Und für dich find ich auch noch was, das du dir aufwärmen kannst, da ist ein Wasserkocher, für diese Terrinen, weißt schon.«

»Aber Sie haben mir doch schon …«

»Klar, klar. Wir kennen uns ja nun schon 'ne Weile. Du bist'n anständiger, höflicher Mensch, weißte, und der Hund … also, der ist irgendwie so wie du. Und ihr seid ein gutes Team, scheint mir.«

Der Mann sank auf die Matratze, der Hund sprang neben ihn aufs Bett, legte sich hin, den Kopf in seinem Schoß, eine Pfote darüber. Der Mann brachte kein Wort heraus. Er weinte.

Der Inhaber rieb sich den Nacken. »Hab heut deshalb auf dich gewartet, weil ich eh mal mit dir reden wollte«, sagte er schließlich. »Hattest heute was Dummes vor, stimmt's?«, fuhr er langsam fort. »Mir kam der Gedanke, weil du gestern so komisch warst.«

»Nicht heute«, antwortete der Mann und streichelte den Hund. »Und morgen auch nicht.«

»Gut«, brummte der Inhaber. »Morgen kommt nämlich Lieferung, und dann reden wir mal über so'n paar Dinge, die mir schon 'ne Weile durch den Kopf gehen.« Er nickte dem Mann und dem Hund zu. »Bis dann.«

Eine weisse Nacht
(Weisse Stille)

Der junge Soldat schleppte sich in die Deckung des Waldes. Er war verletzt, hungrig und müde. Hinter ihm lag die Schlacht; er hätte nicht sagen können, wie sie ausgegangen war. Kurz bevor das Bajonett ihn in die Seite getroffen und zu Boden gezwungen hatte, hatte er den Eindruck gehabt, dass beide Seiten unterlagen, bei all den Toten und Verwundeten auf dem Feld und den Wenigen, die noch zu kämpfen in der Lage waren. Die Munition war ihnen längst ausgegangen, und wer noch schießen konnte, traf nicht mehr.

Der Feind verfügte noch über drei Kavalleristen, und diese galoppierten über das Feld und metzelten jeden Verwundeten nieder, den sie erreichten. Waren sie deshalb Sieger? Sie hatten auf den jungen Soldaten zugehalten, und da hatte er seine letzten Kräfte zusammengenommen und war in den Wald geflüchtet.

Weiße Stille umgab ihn. Der Schnee dämpfte seine Schritte, bedeckte Büsche und Bäume mit einer dicken Decke aus Reif und Starre.

Rote Tropfen zeichneten die Spur des Flüchtenden nach. Als er es merkte, schnitt er ein Stück Stoff aus seinem schmutz- und blutverkrusteten Filzumhang und stopfte es unter das Hemd unter der Uniformjacke. Fünf Schritte weiter gab es nur noch seine Spuren. Das konnte er nicht vermeiden, aber vielleicht hatte er auch Glück, und niemand folgte ihm.

Dann fing es wieder an zu schneien, ab und zu brach ein Ast unter dem zusätzlichen Gewicht und schleuderte die weiße Masse mit Getöse zu Boden. Der junge Soldat bekam eine Ladung ab und wurde halbwegs darunter begraben. Keuchend lag er im Schnee, umhüllt von weicher Kälte, und war versucht, einfach die Augen zu schließen und zu schlafen. Ein Platz war so gut wie der andere. Er hatte doch sowieso keine Chance mehr, da brauchte er sich nichts vorzumachen. Blutverlust, Schmerzen, keine Nahrung, keine Heilsalbe, die Wundbrand verhinderte. Zudem rings um ihn der

Feind, der vermutlich nur darauf wartete, die letzten Überlebenden zu erschlagen. Seine eigene Linie lag mehr als einen Kilometer entfernt, quer durch Feindesland.

Lieber sterben als in Gefangenschaft zu geraten, er hatte genug darüber gehört, was dann mit einem geschah.

Es schüttelte ihn, er fror erbärmlich, seine Fingerspitzen brannten vor Kälte. Die Zehenspitzen wurden schon taub. Er hatte nur noch sein Messer, das Gewehr lag irgendwo auf dem Feld. Aber Munition hatte er ohnehin keine mehr.

Die Kälte raubte ihm den Atem und den Willen, unablässig fiel neuer Schnee auf ihn herab und hüllte ihn ein. Ein weißes Grab. Warum nicht? Es gab schlimmere Tode.

Da packte ihn eine Hand grob und riss ihn aus der Schneehöhle heraus. Der junge Mann schrie vor Schmerz auf, ruderte fahrig mit den Armen, ohne sich ernsthaft zur Wehr setzen zu können. Verstört blickte er in das Gesicht eines älteren Mannes mit Falten und Narben, einem kräftigen Bart und strähnigen grauen Haaren.

»Könnte dir so passen«, sprach der knurrend und zerrte den jüngeren Soldaten mit sich. »Hier desertiert niemand.«

Er hatte keine Wahl, ließ sich willenlos mitschleifen, wusste nicht, wohin. Es ging tiefer in den verschneiten Wald hinein, und nach einer Weile drang plötzlich der Geruch nach brennendem Holz in seine Nase. Es hatte aufgehört zu schneien.

Der ältere Soldat schubste seinen Gefangenen auf ein Deckenlager beim Feuer, das er augenscheinlich für ihn ausgelegt hatte, denn es gab gegenüber ein zweites Lager. Der junge Mann unterdrückte mühsam die Schmerzlaute, als der Soldat sein Hemd hochzog und die Wunde begutachtete.

»Pah, nur ein bisschen Fleisch angeritzt, nicht der Rede wert. Lohnt nicht der Mühe.« Er nestelte einen kleinen Beutel aus einer Tasche hervor und warf ihn dem jungen Mann in den Schoß. »Jod und Pflaster, morgen ist es schon besser und in zwei Tagen vorbei.«

Er stapfte zu seinem eigenen Lager, ließ sich ächzend darauf nieder und stopfte sich eine Pfeife, die er anzündete und gierig den Rauch einsaugte.

»Ist das Feuer nicht gefährlich?«, fragte der junge Mann zaghaft, während er seine Wunde behandelte.

»Sicher. Für denjenigen, der mich hier stört.« Der alte Soldat grinste. Sein Gebiss war lückenhaft, die Zähne vom Tabak braun verfärbt. »Mache ich kein Feuer, erfriere ich heute Nacht. Also wäge ich ab, wie groß die Wahrscheinlichkeit ist, dass mich hier jemand aufspürt, um mich zu töten, im Gegensatz zum Erfrierungstod. Und nun rate mal, wie ich mich entschieden habe.«

Er zog einen Topf aus einer Kuhle, aus dem es dampfte. »Ist nicht viel, aber wird schon für uns beide reichen.« Er legte die Pfeife an den Rand, zog einen Metalllöffel aus dem Gürtel und begann schweigend zu schlürfen.

Der Magen des jungen Kriegers knurrte laut, als er ihm dabei zusah, und er blickte verlegen zur Seite.

Nach einer Weile kam der Soldat zu ihm und gab ihm den Rest.

»Warum tust du das?«, fragte er leise zwischen zwei Löffeln. Die warme Tütensuppe tat wohl und weckte allmählich seine Lebensgeister. Auch das Feuer brachte ihn zusehends zurück in die Wärme. »Du bist doch der Feind. Ich erkenne es an deiner Uniform.«

»Pah, der Feind.« Der alte Soldat winkte ab. Er nahm die Pfeife und wies mit dem Stiel Richtung Schlachtfeld, bevor er sie neu entzündete. »Da draußen, auf dem Feld, da kämpfen wir gegeneinander. Aber was haben wir hier im Wald miteinander zu schaffen?«

Der junge Soldat betrachtete den alten Soldaten nachdenklich. Es hatte immer geheißen, dass der Feind schrecklich aussehen würde, dass sie alle mordende Monster wären, die vernichtet gehörten.

Doch dieser Mann, der ihm gerade das Leben rettete, sah überhaupt nicht anders aus als die meisten älteren Männer in seinem eigenen Dorf, wo der junge Mann herkam.

Der Soldat nickte ihm zu. »Freiwillig oder eingezogen?«

»Eingezogen.«

»Mhm. So steht es also schon.«

»Wer …«, der junge Mann schluckte, »… wer hat denn gewonnen?«

»Was weiß ich?« Der Ältere zuckte die Achseln. »Hatte keinen Sinn mehr, weiterzumachen.«

»Und was hast du jetzt vor?«

»Morgen kehre ich zu meinen Leuten zurück und harre meiner weiteren Befehle. Und dann schlage ich jedem, der eine andere Uniform trägt als ich, wieder den Schädel ein. So ist das nun mal.«

»Ich verstehe das nicht … du solltest mich töten … oder wenigstens gefangen nehmen …«

»Wir haben für unsere eigenen Truppen kaum genug zu essen, was also sollten wir auch noch mit Gefangenen? Und welchen Grund habe ich, dich zu töten?«

Der junge Soldat zögerte. »Aus … Hass?«

»Ich kenne dich doch gar nicht, also warum sollte ich dich hassen?«

»Dann … aus Pflicht?«

»Erst morgen wieder«, antwortete der alte Soldat und blies den Rauch aus. »Da draußen auf dem Feld. Hier drin aber, in diesem Wald, sind wir nur zwei frierende Menschen, die sich das Feuer und das Essen teilen. Dem Wald ist es egal, ob wir leben oder sterben, dem Schnee ist es egal, und den Sternen da oben auch. Nur uns ist es nicht egal. Du willst leben, ich will leben. Das ist unsere heutige Pflicht. Niemand sonst gibt uns hier Befehle.« Er lächelte wiederum. »Genieße den Moment! So frei wirst du nie wieder sein.«

Als der junge Mann am nächsten Morgen erwachte, war der alte Soldat schon fort.

Der Kuenftige Mord

»Wissen Sie, dass Sie eine Mörderin sind?«

Hauptkommissarin Heike Haller verschluckte sich beinahe an ihrem Sektcocktail. Verwirrt starrte sie den kleinen Mann mit den abstehenden Ohren an, der wie aus dem Nichts aufgetaucht war und sie ohne Begrüßung oder Einleitung mit dieser Frage überfiel.

Heike Haller war anlässlich einer besonderen Premiere ins Filmhaus Berlin eingeladen worden. Der Pressesprecher des Kommissariats hatte es für eine gute Idee gehalten, die Teilnahme zuzusagen. »Bürgernähe ist heutzutage wichtiger denn je«, hatte er zur Kommissarin gesagt. – »Auch, wenn es nur um einen fiktiven Film geht und ich die einzige echte Polizistin im Saal bin?«, hatte Heike Haller erwidert. – »Gerade deswegen!«

Mord im Zwielicht lautete der Titel des im Vorfeld von der Presse mit Lorbeeren überhäuften deutschen Thrillers. Schauplatz der über Jahrzehnte spielenden Handlung war der Potsdamer Platz, von seiner verkehrsreichen Zeit über das Brachland und den Todesstreifen des Sozialismus bis zum heutigen modernen Stadtgebiet.

Keine Frage, dass die Premiere im Filmhaus stattfinden musste!

Heike Haller zeigte der Presse, dass sie Profi war: Sie lobte den Film ob seiner Realitätsnähe (was nicht stimmte) und seiner Spannung (was allerdings den Tatsachen entsprach), natürlich auch die guten Darsteller, allen voran eine Newcomerin in der Rolle der Kommissarin.

»Denken Sie«, fragte ein Journalist, »dass eine solche Geschichte auch wirklich passieren könnte?«

»Das Leben hat oft bizarre Momente«, antwortete die Kommissarin ausweichend. »Dennoch darf man nicht vergessen, dass ein Kino- oder Fernsehfilm in erster Linie zur Unterhaltung des Zuschauers dient. Eine Glorifizierung des Verbrechens auf fiktive Weise sollte vermieden werden.«

»Letzte, unvermeidliche Frage: Glauben Sie an den perfekten Mord?«

»Nein.«

»Sollten Sie aber!«, rief eine unbekannte Stimme aus der Menge. »Es gibt den perfekten Mord, nur weiß man nichts davon, weil er unentdeckt bleibt!«

»Der Beweis steht offen«, versetzte die Hauptkommissarin lächelnd.

Eigentlich wollte sie sich nun verabschieden, doch sie musste wenigstens noch eine Stunde auf dem Empfang im *Billy Wilder's* verweilen, für eventuelle weitere Statements und Pressefotos. Doch das ganze Augenmerk galt nun den Stars und Machern des Films, und sie stand unbeachtet für sich allein.

In der ersten halben Stunde schaute die Kommissarin pausenlos auf die Uhr. Doch nach dem zweiten Cocktail sah die Welt etwas versöhnlicher aus. Vor allem lag nur noch eine weitere langweilige halbe Stunde vor ihr, dann würde der Fahrer sie zu ihrer Tochter nach Hause bringen.

Zwanzig Minuten vor Ende der Stunde überfiel der kleine Mann mit den abstehenden Ohren die Kommissarin mit jener mehr als ungewöhnlichen Frage, vor allem so laut gestellt, dass mindestens fünf Personen sie ebenfalls hörten und sich neugierig umwandten.

Heike Haller überlegte sich mehrere Antwortmöglichkeiten, bevor sie diplomatisch sagte: »Verzeihung, ich war in Gedanken und habe Ihre Frage nicht richtig verstanden.«

»Oh doch, das haben Sie!«, versetzte der kleine Mann und grinste breit. »Sie versuchen lediglich, eine peinliche Situation zu retten, in die ich Sie mit Vergnügen gebracht habe. Ich möchte gern an Ihr Statement zum perfekten Mord anknüpfen.«

»Ah, Sie sind der Zwischenrufer.«

»Richtig. Ich bin Hans Burger und nur Ihretwegen hier.«

Heike Haller hob eine Braue. Der Name weckte eine dunkle Erinnerung in ihr. Vor langer, sehr langer Zeit … doch worum ging es dabei? Ihr Herz schlug schneller, weil sie den Zusammenhang nicht sofort fand. Gewohnheitsgemäß bewahrte sie nach außen hin ihren neutralen, distanzierten Gesichtsausdruck – stets höflich, aber emotionslos. »Was kann ich für Sie tun?«

»Für mich? Nichts. Sie sollten sich lieber Gedanken darüber machen, was Sie für sich tun können!« Der kleine Mann mit den abstehenden Ohren näherte sich ihr und wisperte in vertraulichem Tonfall: »Ich weiß, Sie wollen sich momentan nicht erinnern. Aber ich erinnere mich dafür umso besser! Ich kenne Sie, Hauptkommissarin Heike Haller, besser als Sie glauben!«

Heike Haller blickte sich verstohlen um. Da sich nicht sofort ein Eklat ergeben hatte, war die Aufmerksamkeit der Umstehenden bereits wieder erloschen. Trotz des überfüllten Raums fühlte die Frau sich unbehaglich allein mit diesem unsympathischen, seltsamen Mann. Sie hatte auf einmal einen schlechten Geschmack im Mund und merkte, wie ihre Fingerspitzen kalt wurden.

Heike Haller richtete ihren Blick auf Hans Burger, fixierte ihn streng und fragte kühl: »Was wollen Sie also von mir?«

»Oh, gar nichts.« Sein Grinsen wurde immer breiter und fettiger. »Sie sind völlig auf dem Holzweg, auch wenn Sie Ihr geschultes Gespür noch so verzweifelt in Anspruch nehmen. Sie kommen niemals darauf, worum es geht. Erst, wenn es zu spät ist. Tja, und was wird dann aus Ihrer netten, kleinen Tochter? Ein hübsches Kleid haben Sie ihr heute angezogen, Blau steht ihr wirklich gut, und die Oma freut sich über die schicke Enkelin …«

Heike Haller wurde bleich. »Annika …«, stieß sie fast tonlos hervor. »Lassen Sie meine Tochter aus dem Spiel!«

»Ah, endlich kommen Sie der Sache näher!« Hans Burger zwinkerte. »Um ein Spiel geht es in der Tat. Genauer gesagt, um eine Wette!«

Heike Haller blickte sich nun deutlich abweisend um. Irgendwo musste doch jemand von der Sicherheitsfirma sein, der ihr diesen unangenehmen Zeitgenossen vom Hals schaffte!

»Lassen Sie das!« Die Stimme des kleinen Mannes klang scharf und zischend. Aber sogleich lächelte er wieder, als die Kommissarin ihn daraufhin ansah. »Solange Sie mitspielen, nimmt keiner Schaden. Na ja, mit einer Ausnahme vielleicht, aber darauf lege ich es ja an. Wissen Sie, ich war beim Arzt, und es war nicht besonders lustig, was er mir diagnostizierte. Es bedeutet vor allem, dass mir kaum noch Zeit bleibt und ich umgehend handeln muss. Darum nahm ich die Mühe auf mich, mich hier einzuschmuggeln. Ich halte es für den besten Schauplatz für einen Abgang mit Stil!«

»Kommen Sie endlich zur Sache!«, unterbrach Heike Haller gereizt.

»Also schön, meine Liebe. Ich wette mit Ihnen, dass Sie den Mord an mir nicht verhindern können, der in wenigen Minuten stattfinden wird«, sagte Hans Burger süffisant. »Genauer gesagt: Sie selbst werden mich töten!«

»Nun wird es mir aber zu bunt!« Heike Haller stellte das Sektglas klirrend auf dem Bistrotisch ab. »Ich habe für derartige Scherze nicht das geringste übrig! Suchen Sie sich ein anderes Opfer!«

Die Augen des kleinen Mannes verengten sich zu schmalen Schlitzen. Glühender Hass brannte auf seinem rot gewordenen Gesicht. »Das bin doch ich!«, zischte er. »Sie wissen es natürlich nicht mehr, aber ich habe nichts vergessen! Fünfzehn Jahre ist es her, damals waren Sie noch in der Ausbildung, eine arrogante, karrieregeile Person, die glaubte, mit der Uniform habe sie alle Macht der Welt! So kamen Sie in meine Wohnung, rissen mich aus meinem Leben, von meiner Familie fort. Alles habe ich Ihretwegen verloren!«

Schlagartig erinnerte Heike Haller sich. Wie konnte sie das nur vergessen! Es war ihr erster spektakulärer Fall gewesen, kurz vor Ende ihrer Ausbildung. »Sie waren schuldig ...«, sagte sie langsam und dachte an die hasserfüllten Verwünschungen des Verhafteten. Er hatte damals geschworen, sich an ihr und ihrer Familie zu rächen, und zwar dann, wenn sie es am wenigsten erwartete. Fünfzehn Jahre war das nun her.

In diesem Moment entdeckte Heike Haller einen Mann von der Security. Sie wollte kein Aufsehen erregen, Negativpresse war unter allen Umständen zu vermeiden, hatte ihr der polizeiliche Pressesprecher eingebläut. Darin kannte sie sich ohnehin aus. Heike Haller machte ein kurzes Zeichen mit der Hand, und der Mann steuerte sofort auf sie zu.

»Wir können gern über alles reden«, wollte sie Hans Burger ablenken.

Er ging nicht darauf ein. »Vergessen Sie's«, fauchte er. »Ich habe alles genau geplant – aus der Sache kommen Sie nicht mehr raus. Kein Unfall, kein Totschlag, nein, *Mord*. Denn Sie werden ein Motiv haben. Man wird es rasch finden und Sie überführen. Ihnen bleiben höchstens noch zwei Tage, ihre

Sachen in Ordnung zu bringen, bevor die Sie holen, so wie mich damals, und bis Sie wieder rauskommen, sind Sie am Ende, genauso wie ich.«

Dann, der Wachmann war nur noch fünf Meter entfernt, ergriff er unerwartet Heike Hallers Hand und schüttelte sie, setzte ein fröhliches Gesicht auf und rief laut: »Nein, was für eine Freude, nach so langer Zeit! Und wie gut Sie aussehen, Frau Hauptkommissarin! Glauben Sie mir, es ist alles vergeben und vergessen, Sie haben nur Ihre Pflicht getan. Es ist mir wirklich ein Bedürfnis! Und verzeihen Sie meinen dummen Scherz von vorhin, das wollte ich schon immer mal zu einem hochrangigen Vertreter des Polizeiwesens sagen, haha, sonst ist es ja stets umgekehrt, nicht wahr?«

Die Kommissarin versuchte, sich seinem Griff zu entziehen, doch er hielt eisern fest. Entsetzt fühlte sie etwas metallisch Kaltes, Glattes zwischen ihren Fingern, dessen wohlbekannte Form sich in ihre Hand schmiegte.

Noch drei Meter.

»Sind Sie verrückt?«, flüsterte sie, blass vor Schreck, »diese Waffe …«

»Aber … was haben Sie denn da?«, fuhr der kleine Mann mit den abstehenden Ohren fort und wechselte gekonnt das Mienenspiel von Freude zu Entsetzen. »Aber … warum? Ich habe Ihnen doch … bitte, tun Sie das nicht … Ihre Tochter ist wohlauf, das war nur eine Frage … tun Sie nichts … NEIN!«

Dann fiel der Schuss.

Der Wachmann überwand die letzten beiden Meter mit einem Satz, als Hans Burger blutend zu Boden stürzte. Kommissarin Heike Haller stand wie erstarrt mit einer Pistole – *ihrer* Dienstwaffe – in der Hand da, umringt von entsetzten Zuschauern, die alle genau gesehen haben wollten, was geschehen war.

Fuerchte das Wasser, es hat keine Balken

Robert Weiss hasste das Wasser beinahe so lang wie er denken konnte. Eine morgendliche Dusche war das Äußerste an Hautkontakt, was er über sich brachte. Er hatte niemals Schwimmen gelernt, und ihm lag nichts an Segeln, Wasserski oder anderen Sportarten, bei der Feuchtigkeit die Hauptrolle spielte.

Aber Lisa liebte das Meer über alles, und da Robert Lisa über alles liebte, gab er ihr nach, dieses eine Mal. Sie war eine begeisterte Schwimmerin und Taucherin, und er brachte es nicht übers Herz, sie zu enttäuschen; der Anlass kam schließlich nicht alle Tage: Silberhochzeit, runde 25 Jahre Turbulenz. *Gott, ist sie jung gewesen, damals.* 18 Jahre, tizianrote Haare, Beine bis zum Hals. Das war sein erster Eindruck gewesen, damals auf dem Campus, als sie ihren Bruder zur Abschlussfeier begleitet hatte. Er hatte sich den Hals verrenkt und war den beiden gefolgt, bis zur Bowle, und dort konnte er sie endlich von vorn betrachten. Funkensprühende blaue Augen, ein freches Mundwerk, zwei Lachgrübchen in den Wangen. Obwohl Robert ein gestandener, erfahrener und abgeklärter Mann von reifen 23 Jahren war, war es auf der Stelle um ihn geschehen. Es ergab sich glücklicherweise, dass Lisas Interessen, was die Liebe betraf, auf derselben Linie lagen wie seine, und so heirateten sie schon vier Monate später, gegen den Willen beider Eltern, und machten sich daran, die Welt zu erobern. Während dieser Welt-Eroberung verstärkten sie die familiäre Mannschaft mit zwei gesunden, lebensfrohen Kindern, und entwickelten sich zu einer erfolgreichen Unternehmerfamilie.

25 Jahre. Unvorstellbar, dass bereits so viel Zeit vergangen war. Ihm kam es manchmal nicht länger als ein Jahr vor, und doch war es eine unbestreitbare Tatsache. Die Kinder waren aus dem Haus, Robert kämpfte gegen die Zunahme des Bauches und die Abnahme der Haare, und Lisa … nun, Lisa war eine voll erblühte Frau, mit Lachfältchen um die Augen und sanft, *ganz* sanft ergrauendem Haar. Aber sie war noch so

wundervoll wie am ersten Tag, manchmal unbeschwert und unschuldig wie damals, und meistens heiter, mit einem spitzbübischen Zug um den Mund und einem Zwinkern in den Augen.

Sie hatten die Welt erobert, und nun, fand Robert, hatten sie sich eine ordentliche Silberne Hochzeit mit allem Drum und Dran verdient. Ohne Kinder, ohne Familie, nur sie beide, irgendwo … »Am Meer!«, hatte Lisa gejubelt, war aufgesprungen und ihm um den Hals gefallen. »Oh, endlich, endlich, endlich! Schon seit vielen Jahren wünsche ich mir das *so sehr*, wir beide endlich zusammen am Meer, ach, ich bin ja so glücklich! *Florida!* Und was ich da noch alles einkaufen muss, du lieber Himmel, ich bin ja gar nicht darauf vorbereitet …« Und so, unaufhörlich zwitschernd, lief sie schon hinauf ins Schlafzimmer und suchte die Schränke nach Koffern ab. Er hatte gar keine Zeit mehr, ihr zu sagen, dass er eine Kulturreise, unter anderem zum Machu Picchu, machen wollte. Er zog die für diesen Anlass vorbereiteten Flugtickets aus der Brusttasche und betrachtete sie eine Weile nachdenklich, zerriss sie seufzend und griff nach dem Telefonhörer. Lieber einen Tausender an Stornogebühr zerrissen als das Herz der Ehefrau. Auch wenn er sich dafür dem ekelhaften Anblick des Wassers aussetzen musste, das schäumend an den Strand wogte, nicht greifbar, ohne Halt und Schutz, einen bitteren, unangenehmen Salzgeschmack auf den Lippen hinterlassend. Vielleicht konnte er es so einrichten, dass sie wenigstens ein paar Stunden am Tag aus dem Nass kam und die Erde mit ihm teilte, und, er grinste in sich hinein, hin und wieder auch ein kuschliges Bett.

Also flogen sie nach Florida, in eins dieser teuren All-Inclusive-Luxushotels mit Spa, wo man vorne und hinten bedient wird und sich rundum verwöhnen lassen kann. Sie ließen sich die Hochzeitssuite geben und verschwanden kichernd und tuschelnd im Aufzug. Da ihnen sowieso niemand abgekauft hätte, dass sie die Silberne feierten, taten sie, als ob sie frisch verliebt in einer heimlichen Affäre wären. Die ersten beiden Tage kamen sie nicht aus dem Bett und ließen sich alles aufs Zimmer bringen. Sie aßen und tranken all die guten Sachen, die man laut Auskunft vieler rauchender und trinkender Ärzte in ihrem Alter besser bleiben lassen sollte, um sich jung und schlank zu erhalten, und schliefen mal hier, mal da ein paar Stunden. Das Schönste dabei war, dass sie nicht einen Gedanken an zu Hause verschwendeten. Es schien, als wären sie neu geboren.

Am dritten Tag jedoch war Lisa nicht mehr zu halten. Sie warf sich in ihren knappsten Badeanzug und rannte ins Wasser, lachend, jubelnd; schlanke Taille, Beine bis zum Hals, knackiger Hintern. Robert schüttelte lächelnd den Kopf. Amüsiert betrachtete er die anderen Männer, die ihr hinterher gafften, streckte sich lang auf dem Liegestuhl aus und schloss die Augen. Alles in allem war es hier gar nicht so übel.

Nach zwei Tagen brachte Robert es sogar über sich, mit Lisa an den Strand zu gehen und ihr zuzusehen, wie sie sich in die Fluten stürzte. Sie passte sich der Strömung an und glitt anmutig wie ein Fischotter durch die Fluten, bis sie schließlich mit kräftigen Zügen ins offene Meer hinausschwamm. Robert sah ihren Kopf auf den Wellen tanzen; er bekam ein mulmiges, ängstliches Gefühl, weil sie sich so weit von ihm entfernte.

Eine Stimme riss ihn aus seinen Gedanken. »Ihre Frau schwimmt sehr gut.«

Robert blickte neben sich. Ein großer Mann, etwa Mitte Dreißig, Sportler. Blonde Haare, blaue Augen, gleichmäßig brauner Teint, Blendax-Lächeln. Entweder Tennislehrer oder Dressman. Amerikaner, natürlich. Wenn nicht gar in Florida zu Hause. »Ja, sie ist eine begeisterte Schwimmerin«, antwortete er. »Zu Hause ist sie im Tauchclub, und sie nutzt jede Minute aus, um ins Wasser zu springen.«

»Sie ist ein Profi«, meinte der andere Mann. »Ja, das habe ich sofort gesehen, vorhin.« Er lächelte Robert gewinnend an und streckte ihm die Hand hin. »Ich bin Allen Morany, Urlauber.«

Robert drückte seine Hand, der Druck war fest und warm. Dieser gutaussehende, jüngere Mann war sympathisch, ob Robert das passte oder nicht. Er lächelte zurück. »Robert Weiss, ebenfalls Urlauber.«

»Aus Deutschland?«

»Ja, allerdings.«

»Sie sprechen ein hervorragendes Englisch.«

»Das bringen die Geschäfte so mit sich.« Robert deutete auf seine Frau draußen im Meer. »Woher kennen Sie sich denn so gut aus?«

»Alte Gewohnheit.« Allen lachte. »Ich war selbst mal so was wie ein Profi. Ehrgeizig, wissen Sie, Träume von olympischem Gold und all das. Dafür reichte es leider nicht, nicht mal für die Qualifikation, aber für ein paar Landessiege war es gut genug. Heute bin ich Schwimmlehrer, und wenn ich ein bisschen Sonnenbräune brauche, bei der Baywatch. Heute hier, morgen da, wo es mir gefällt.« Er hob die Arme. »*C'est la vie*. Damit habe ich zwar nicht das große, aber immer noch ein sehr angenehmes Los gezogen.«

Robert sah aufs Meer hinaus. Lisas Kopf war ein winziger Punkt in der wogenden Unendlichkeit, und er spürte, wie sein Magen sich langsam hob. Hastig drehte er sich zur Seite. Für heute hatte er genug Wasser gesehen. »Wie wär's mit Bier?«, fragte er Allen.

»Gute Idee.«

Sie gingen zur Bar und waren schon gute Freunde, bis Lisa kam. Sie stutzte einen Moment und setzte sich dann zu ihnen. So verbrachten sie zu dritt den restlichen Tag und den Abend miteinander. Als Lisa und Robert dann endlich im Bett lagen, waren sie erschöpft vom Lachen und ziemlich beschwipst.

»Er sieht gut aus«, meinte Robert.

»Mmhm«, machte Lisa.

»Aha.« Er schmunzelte. »Er gefällt dir.«

»Äh …«

»Ja, ich hab's doch gesehen. Angeflirtet habt ihr euch, alle beide. Denkst du, ich merke das nicht?«

»Bist du eifersüchtig?«

»*Ich*? Ha, da hab ich noch ganz andere Sachen auf Lager.«

»Sooo?«

»Na warte, du ungläubige Lisa.«

»Hör auf!« Lisa kicherte. »Lass das, du glibberfingriger Gecko. Nicht da. Da schon eher ...«

Allen Morany war in den nächsten Tagen der unaufdringliche und angenehme Begleiter des Ehepaars Weiss, und sie unternahmen viel zusammen. Robert durchstöberte Antiquarien und besuchte Galerien, und Lisa war endlich nicht mehr allein beim Schwimmen. Um sich nicht restlos zu blamieren, hatte Robert einmal sogar den großen Zeh ins Wasser gehalten, aber das war auch schon alles. Er zuckte zurück und schüttelte sich.

»Haben Sie einmal eine schreckliche Erfahrung gemacht?«, fragte Allen freundlich, ohne verstecktes Lachen. »Wissen Sie, diese extreme Wasserscheu ist nicht gerade das, was man alltäglich nennt. Schließlich verbringen wir die ersten neun Monate unseres Lebens im Wasser. Es ist unsere Urheimat. Wasser ist Leben, und nur ein Schock kann dieses Erbe derart auslöschen.«

Robert zuckte mit den Achseln. »Ich weiß nicht. Nein, ich glaube nicht. Ich kann Wasser einfach nicht leiden. Tiefes Wasser, großes Wasser. Ich habe seit meiner Kindheit nicht mehr gebadet, nur noch geduscht. Das ist mir nicht unangenehm, ich habe mich daran gewöhnt. Aber alles andere ...«

»Das wundert mich wirklich sehr«, entgegnete Allen zögernd. »Phobien sind keineswegs etwas, das man ...«

»Allen, ich denke, Sie übertreiben«, mischte sich Lisa ein; sie wollte ihren Mann schützen, der unbehaglich die Schultern hochzog.

»Nein«, sagte Robert plötzlich. »Nein, Allen hat Recht. Es ist sinnlos, sich immer etwas vorzumachen, man muss den Tatsachen ins Auge schauen.« Er sah Allen an.

»Ich will Ihnen eine Geschichte erzählen, mein Freund. Ich war noch ein Junge, vielleicht fünf Jahre alt. Ich war ein Jahr bei Verwandten auf dem Land. Es war idyllisch dort, genau so, wie man es immer in kitschigen alten Filmen sieht. Goldene Felder, grüne Wiesen, lichte Wälder, klare Bäche und Seen. Alles, was ein Jungenherz begehrt, war vorhanden. Eines Tages warf Alma, die Hofhündin; es waren sechs goldfarbene, pummlige Welpen. Ich durfte von Anfang an dabei sein, und Alma schien keine Bedenken zu haben, mich als Patenonkel bei der Erziehung ihrer Kleinen mitwirken zu lassen. Ich vergaß alles andere um mich herum und spielte mit den Hundchen, die rasch heranwuchsen. Wie alle jungen Hunde plantschten sie begeistert im Wasser herum und jagten Fische und Frösche – bis auf einen. Ein Rüde, ein schmächtiger kleiner Kerl, der vor Wasser eine totale Abscheu hatte. Wenn es regnete, war er nicht nach draußen zu bringen, und er betrat keine Wiese, auf der Tau lag. Er hasste das Wasser mehr als jede Katze. Als die Welpen vier Monate alt waren, begann ihr Training. Sie sollten Jagd- oder Hütehunde werden, und ihre Ausbildung sah auch das Durchqueren von Bächen vor. Sie waren alle begeistert bei der Sache, bis auf Bofo, den zarten Rüden. Er weigerte sich, ging nicht einmal in die Nähe des Bachs. Mein Onkel setzte sich nicht lang damit auseinander. ›Komm mit, Robert, jetzt lernst du was fürs Leben‹, erklärte er. Er packte Bofo am Kragen und ging zum Bach, zu einer Stelle, wo das Ufer so hoch und steil war, dass ein kleines Tier mit eigener Kraft nicht herauskonnte. Ich wusste plötzlich, was er vorhatte, aber ich konnte es nicht verhindern. Er warf Bofo mit kräftigem Schwung ins Wasser; er zappelte und winselte und ging gleich darauf unter. ›Pass auf, gleich kommt er nach oben und schwimmt wie ein Alter, und er wird gar nicht mehr wissen, dass er Wasser nicht mag.‹ – ›Und wenn er's nicht tut?‹, erwiderte ich ängstlich. – ›Dann ist er keine lebensfähige Kreatur, sondern ein dämlicher Tölpel, der verdientermaßen von der Natur ausgemerzt wird.‹ Und als Letzterer erwies sich Bofo. Nachdem er untergegangen war, blieb er unten sitzen. Er saß da unten, unter Wasser, rührte und regte sich nicht, sah nur mit riesigen, traurigen, verständnislosen Augen herauf. Aus seinem kleinen Maul stiegen zarte Luftblasen auf, die an der Oberfläche zerplatzten. Dann bewegte er sich plötzlich, zappelte mit den Beinchen, aber sie waren zu schwach, und er koordinierte sie nicht richtig. Instinktiv hatte er immer gewusst, dass er nicht schwimmen konnte. Durch die heftigen Bewegungen stieg ein mächtiger Blasenschwall nach oben, und Bofo hörte sofort auf und sank wieder auf den Boden. Dort blieb er dann sitzen bis zum Ende, sah uns mit diesen sanften Augen an, in denen kein Vorwurf lag, nur eine unendliche Trauer, und öffnete das kleine Maul zu einem Abschiedswinseln. Drei Blasen stiegen noch auf, dann sank er um.«

Robert machte eine kleine, seufzende Pause.

Lisa starrte ihn mit Tränen in den Augen an. »Das hast du mir nie erzählt …«

Auch Allen Morany sah sehr betroffen aus.

»Und die ganze Zeit«, fuhr Robert fort, »die ganze Zeit über hielt mich mein Onkel fest und hinderte mich daran, dem armen Tier zu helfen. Ich schrie nicht, ich heulte nicht, ich wusste, dass ich gegen seine Stärke nicht ankam. Er erzählte mir etwas über die Dinge, die einen Mann ausmachten, und deutete dabei als Exempel auf den absaufenden Welpen. Ich schwor mir, ihn umzubringen. Und ich schwor mir, nie wieder in die Nähe von Wasser zu kommen. Ich wollte niemals in dieselbe Situation geraten, hilflos sterben zu müssen, nur weil das Wasser keine Balken hat. Das Wasser ist nicht das Leben, es ist der Tod, heimtückisch und grausam, genau wie mein Onkel.«

»Und …«, Lisa sprach zitternd und leise, »und du hast deine Schwüre gehalten?«

»Nur einen«, antwortete Robert. »Mein Onkel brachte sich selbst mit seinen Leitsätzen um. Als er sich Jahre später immer noch wie ein Idiot benahm, wandte die Natur sich gegen ihn und erledigte ihn, indem sie einen Baum auf ihn fallen ließ.«

Als er schwieg, herrschte einige Zeit betroffene Stille. Lisa rang immer noch um ihre Fassung.

Allen Morany rieb sich verlegen die Nase. »Es tut mir leid«, sagte er schließlich. »Wirklich, es tut mir sehr leid, Robert, ich hätte nicht so aufdringlich sein sollen.«

Robert schüttelte den Kopf. »Das braucht Ihnen nicht leid zu tun. Es war ein Geheimnis, das ich vor meiner Frau hatte, und das war nicht richtig. Es darf ungesagte Dinge zwischen Ehepaaren geben, aber keine Geheimnisse. Und meine wundervolle Frau hat nie daran gerührt.« Er nahm die überraschte Lisa in den Arm und drückte sie an sich. »Und darauf sollten wir einen ordentlichen Schluck trinken, finde ich. Außerdem sollten wir den schönen Tag nicht mit dunklen Geschichten verderben.«

Später, in der Nacht, fragte Lisa: »Hast du dich schuldig gefühlt, als dein Onkel durch diesen Unfall umkam?«

»Nein«, erwiderte er. »Nicht ein bisschen. Es geschah zehn Jahre später, und ich war über solche Gefühle hinweg. Aber ich war nicht betroffen, als ich es erfuhr, und nicht entsetzt zu hören, dass er langsam zerquetscht wurde. Tief in mir empfand ich es als Gerechtigkeit.« Er schloss seine Arme um sie. »Verzeih mir, mein Liebling. Ich habe dich völlig durcheinander gebracht mit meinen Schauergeschichten.«

»Unsinn«, widersprach sie. »Ich bin froh, dass du es mir erzählt hast. Dass mich das beschäftigt, ist verständlich, nicht wahr? Ich sehe diesen kleinen Hund jetzt noch lebhaft vor mir, obwohl ich nicht dabei war. Und ich weiß, dass der Blick seiner Augen dich heute noch quält. Und dieses Leid kann ich jetzt mit dir teilen, verstehst du?«

»Ich liebe dich«, flüsterte er.

Die folgenden Tage vergingen schnell, lediglich ein wenig überschattet durch verschiedene beunruhigende Meldungen. Allen Morany brachte eines morgens die Tageszeitung mit und deutete auf den Leitartikel.

Wieder sei eine Frau an Land gespült worden, die unter ungeklärten Umständen ertrunken sei. Das Geschehnis hatte sich gar nicht so weit entfernt zugetragen und war, wie das »wieder« implizierte, nicht das erste Vorkommnis. Seit einiger Zeit kamen an mehreren Stränden solche Unglücksfälle vor, und man hatte eine Sonderkommission damit beauftragt, die Ursachen zu untersuchen. Haiangriffe konnten ausgeschlossen werden, da die Frauen körperlich unversehrt waren. Man tippte auf eine neue Quallenart, deren Gift noch nicht bekannt war und daher auch nicht gleich festgestellt werden konnte. Oder eine Tiefenströmung, die durch irgendein Wetterphänomen ausgelöst wurde, die die Frauen einfach mit sich zog, auch wenn sie gute Schwimmerinnen waren.

Robert sorgte sich sofort um Lisa und wollte ihr ausreden, im Meer zu schwimmen. Der Pool täte es doch auch.

»Wo alle reinpinkeln?«, erwiderte sie. »Auf keinen Fall.« Aber sie versprach, nicht mehr zu weit hinauszuschwimmen, und nicht zu lange, und vorsichtig zu sein.

Am vorletzten Tag des Urlaubs nahm Lisa sich vor, ein letztes Mal »eine große Runde zu drehen«. Robert versuchte es ihr auszureden. »Wenn dir etwas dort draußen passiert? Wer kann dir dann helfen?«

»Ach, Unsinn. Was soll mir denn passieren? Ich habe mir die Strömungen und Wetterberichte angeschaut, und ich bleibe immer in Sichtweite für dich. Ich werde parallel zur Küste schwimmen. Nur eben etwas länger als sonst.«

»Zum Beispiel kannst du einen Krampf im Bein bekommen. Oder dein Kreislauf bricht zusammen. Bitte, Lisa, nur eine kurze Runde. Du hast doch sowieso schon bald Häute zwischen den Zehen.«

»Robert, du alter Schwarzseher. Da kann ich ja gleich am Strand bleiben. Was willst du denn tun, wenn ich näher am Ufer bin und trotzdem einen Krampf bekomme? Willst du dann losschwimmen und mich retten? Sei nicht kindisch, Liebling. Die Baywatch ist da und macht ihren Job. Gönn mir diesen letzten Ausflug, morgen bleibe ich die ganze Zeit bei dir. Okay?«

»Wenn wenigstens Allen da wäre.«

»Er ist aber nicht da, sondern bei der Baywatch an einem anderen Strand, und ich brauche kein Kindermädchen.«

Da sie nicht davon abzubringen war, gab er ihr schließlich nach. Er ging mit an den Strand hinunter und sah ihr nach, als sie ins Wasser lief. Er hatte sich inzwischen daran gewöhnt, aufs Meer hinauszuschauen, ohne dass ihm gleich übel wurde. Er wollte seine Frau die ganze Zeit im Auge behalten, aber irgendwann verlor sich der Punkt ihres Kopfes zwischen anderen Punkten, und er wandte sich seinem Buch zu.

Lisa genoss es wie immer, sie bildete sich ein, dass das Wasser heute besonders weich und tragend war. Sie musste sich kaum anstrengen, und als sie das erste Mal zurückblickte, war der Strand schon ein gutes Stück entfernt, und sie konnte nur noch Ameisenmenschen erkennen.

Irgendwo dort saß Robert und wartete auf sie. Zärtliche Gefühle füllten ihr Herz, als sie an seine Besorgnis dachte, und sie entschloss sich, ihn nicht zu lang allein zu lassen. Noch ein paar Meter parallel zur Küstenlinie und dann umdrehen.

»Lisa!«

Lisa drehte sich um, als sie Allens Stimme hörte; er schwamm in kräftigen, schnellen Zügen auf sie zu. Sie wollte ihm ein Guten Morgen zurufen, aber sein Gesicht sah ernst und besorgt aus. »Wirklich, das sollten Sie nicht tun!«, fuhr er fort, ohne sie zu grüßen. »Es ist gefährlich, so weit hinauszuschwimmen, noch dazu allein!«

»Allen, das sagen ausgerechnet Sie? Hat mein Mann Sie schon mit seiner Besorgnis angesteckt? Ich bin in ausgezeichneter körperlicher Verfassung.«

»Es geht nicht allein darum.« Er verhielt neben ihr, das Haar klebte auf seiner Stirn und er keuchte. »Lisa, ich habe mir heute Morgen die Zeitung gekauft, in der wieder sehr beunruhigende Sachen standen. Eine weitere Frau konnte nur noch leblos gefunden werden.«

»An diesem Strand?«

»Nein, aber was sagt das schon? Ich bin richtig erschrocken, Lisa, ich könnte es mir nie verzeihen, wenn Ihnen etwas zustoßen würde.«

»Allen, Sie sind doch nicht etwa betrunken?« Sie war ärgerlich, weil er ihr den Abschied verdorben hatte. »Außerdem wollte ich ohnehin gerade umkehren und möchte lieber allein schwimmen, wenn Sie nichts dagegen haben. Es ist mein letzter Ausflug, und ich möchte ihn gern für mich genießen.«

Er war jetzt ganz nah bei ihr, und sein Gesicht nahm einen seltsamen Ausdruck an. »Tut mir leid, das kann ich nicht zulassen«, erwiderte er. »Ich fühle mich Ihrem Mann gegenüber verpflichtet, auf Sie zu achten. Ich habe ein untrügliches Gespür für Gefahr, und ich weiß, dass Sie in *großer* Gefahr sind. Sie sind allein hier draußen, wo Ihnen keiner helfen kann.«

»Na, hier sind jede Menge Menschen unterwegs, auch in Booten.« Sie strich sich das nasse Haar aus der Stirn. »Ich schwimme jetzt zurück, Allen, ich will mir diesen Unsinn nicht länger anhören.«

Sie war ungefähr zehn Züge weit gekommen, als Allen plötzlich wieder neben ihr auftauchte. Sie erschrak unwillkürlich und wich ihm aus.

»Unsinn?«, flüsterte er. »Ich zeige Ihnen gleich, was Unsinn ist.« Er packte ihren Arm und zog sie zu sich heran.

»Was soll das?«, fragte sie verwirrt. »Lassen Sie mich sofort los! Was haben Sie vor?«

»Ich will deinen Atem«, zischte er mit einer ganz fremden Stimme.

Sie keuchte vor Verblüffung auf, geriet jedoch noch nicht in Panik. »So weit sind wir auch nicht vom Strand weg«, erwiderte sie. »Ich werde ganz laut schreien, wenn Sie mich nicht sofort loslassen.«

Er grinste dämonisch. Sein Gesicht hatte sich zur hässlichen Fratze verzerrt. »Versuch es!«, forderte er sie auf.

Sie zerrte an ihrem Arm, den er unbarmherzig festhielt, holte Luft und begann um Hilfe zu schreien. Allen überschrie sie. Er lachte und kreischte und patschte Wasser in alle Richtungen. Verzweifelt sah sie sich um, aber es war niemand nah genug.

»Siehst du?«, meinte er fröhlich. »Das bringt gar nichts.«

Lisa begriff. »*Sie* sind es?«

»Jep.« Er umschlang sie mit dem anderen Arm. »Und genau wie bei allen anderen wird man es nicht herausfinden.«

»Seien Sie doch vernünftig«, stieß sie gurgelnd hervor, als eine kleine Welle Salzwasser in ihren Mund spülte. »Allen, bitte, nehmen Sie sich zusammen. Das wird doch unweigerlich auffallen, so viele tote Frauen in so kurzer Zeit.« Sie hustete das Salzwasser aus ihrem Mund.

»Dafür ist es zu spät«, meinte er kichernd. »Und ja, du hast recht, es fällt auf. Deshalb bist du die Letzte. Fürs Erste. Ich ziehe weiter, nach Key West runter. Und von dort … wer weiß.«

»Aber … warum tun Sie das?«

»Die Frage aller Fragen. Dabei ist die Antwort so simpel. Weil ich es kann!«

Er legte die Hände auf ihre Schultern und drückte sie nach unten. Lisa schlug wild um sich, und die Angst drohte sie für einen Moment zu übermannen, doch dann riss sie sich zusammen. Sie hatte genug Luft geschöpft und war eine gute Taucherin. Dass er sie unter Wasser drückte, hieß noch lange nicht, dass sie sich nicht wehren konnte. Sie stemmte sich gegen ihn, schlug mit ihren Fäusten auf seine Brust, und als er für einen Moment den Griff lockerte, um ihre Hände zu packen, rammte sie ihm mit aller Kraft beide Füße in die Weichteile. Sein Schrei wurde vom Wasser erstickt; Lisa schlug weiterhin mit aller Kraft auf ihn ein und trat ihn. Auch wenn das Wasser die Wucht bremste, war es schmerzhaft genug. Allen wehrte sich fahrig, aus seinem Mund drang ein Luftschwall, und dann sank er langsam nach unten. Lisa wollte das Risiko nicht eingehen, ihm noch einmal zu nahe zu kommen. Solange er bewusstlos war, hatte sie eine gute Chance, das Ufer rechtzeitig zu erreichen. Vielleicht soff er sogar ab.

Sie schwamm so schnell wie noch nie in ihrem Leben. Sie spürte ihre Muskeln und holte kraftvoll aus; sie wusste, wie stark sie war, und das gab ihr ein beruhigendes Gefühl. Das Ufer kam langsam näher, und sie entdeckte ein Boot, das von links auf sie zukam. Sie war gerettet, und diese Erkenntnis verlieh ihr neue Kraft.

Lisa schrie auf, als Allen neben ihr hochkam. Er lachte und jauchzte, so laut er konnte. Verzweifelt schlug sie wieder mit einer Hand auf ihn ein, die andere streckte sie in die Luft und schrie um Hilfe. »Gib auf«, sagte Allen kalt, während ebenfalls wild gestikulierte und kreischend lachte. »Selbst wenn sie begreifen, dass du *echt* um Hilfe rufst, wird es zu spät sein. Du bist längst tot, bis sie hier sind.«

Robert wurde aufmerksam, als er über die vielen Stimmen hinweg den schrillen Schrei einer Frau hörte. Er legte das Buch beiseite und ging langsam zum Wasser. Unzählige Punkte auf dem Wasser, in der Nähe schrie und kreischte ein spielendes Kind um Hilfe, etwas weiter weg kreischte ein Pärchen, sie rief um Hilfe, als er sie mit Wasser bespritzte. So sehr Robert seine Augen auch anstrengte, er konnte niemanden unterscheiden. »Hast du was?«, fragte ein kleines Mädchen, das ihn beobachtete.

»Ich glaube, da schreit eine Frau um Hilfe«, sagte er. »Nicht gespielt, sondern echt.«

Die Mutter des Kindes wurde aufmerksam. »Glauben Sie wirklich?« Sie stand auf und kam an seine Seite. »Möglich«, sagte sie nach einer Weile. »Aber was können wir von hier aus tun?« Sie deutete nach rechts. »Sehen Sie, dort fährt ein Boot, die werden das besser erkennen können als wir und notfalls eingreifen.« Sie musterte ihn. »Sind Sie beunruhigt?«

»Ja«, erwiderte er abwesend. »Meine Frau ist dort draußen. Und ich kann nicht schwimmen.«

»Sie sind verrückt!«, schrie Lisa. »Jeder kann uns beobachten! Selbst wenn es Ihnen gelingt mich umzubringen, kommen Sie doch nicht davon! Jeder sieht doch, was Sie tun!«

»Mach dich nicht lächerlich!«, erwiderte er fröhlich lachend. »Was sehen die denn schon? Ein Pärchen, das spielt, er zieht sie unter Wasser, sie kreischt und ruft um Hilfe! Was ist daran ungewöhnlich? Dies ist der perfekte Mord vor vielen Zeugen, und keiner wird jemals wissen, was wirklich geschehen ist! Ist das nicht wundervoll? Das klappt jedes Mal!«

Unter Wasser hielt er sie so fest, dass sie sich nicht mehr wehren konnte, und sie konnte auch nicht mehr schreien, weil sie zu viel salziges Wasser schluckte. Aus dem Augenwinkel sah sie das Boot näherkommen.

»Bitte«, keuchte sie, als sie wieder Luft bekam, »bitte, um Ihrer selbst willen sollten Sie mich gehen lassen. Ich werde niemandem etwas sagen. Bitte, sehen Sie doch, das Boot kommt zu uns. Sie haben keine Chance mehr!«

»Jetzt stirbst du«, murmelte er.

Endlich bekam sie ihre Hand frei und schlug ihm ihre Nägel in die Wange.

Daraufhin änderte er seine Strategie. Sein Gelächter schlug um in Panik. »Lisa, nein!«, schrie er. »Was ist? Nicht wehren, ich halte Sie! Alles wird gut!« Er winkte dem sich nähernden Boot und brüllte: »Hierher, schnell! Ich glaube, sie ertrinkt! Ich kann sie nicht halten!«

Als er sich dann über sie beugte, wollte Lisa den Kopf wegdrehen, doch da war sein Mund schon auf ihrem, und mit einem kräftigen Zug saugte er ihre Luft aus den Lungen. Aus ihrer Kehle drangen dumpfe, quietschende Geräusche, und sie begann voller Panik um sich zu schlagen. Er saugte und saugte, bis er merkte, dass sie nicht mehr hergeben konnte. Dann drückte er sie knapp unter Wasser.

In reinem Reflex zwangen die gequälten Lungen ihren Mund, sich zu öffnen und Luft zu schöpfen, aber es kam nur ein Schwall Wasser hinein. Ihre geweiteten Augen sahen flehend in das Gesicht ihres Mörders, bis ihr Blick starr wurde.

Ihre Hände, die um seine Arme verkrampft waren, öffneten sich und trieben leblos in der Strömung wie Holz.

»Ich habe es versucht«, schluchzte Allen Morany, als sie ihn vom Boot aus an den Strand brachten. Sie legten eine Decke um seine Schultern und redeten ihm besänftigend zu, aber er konnte sich nicht beruhigen. Seine rechte Wange blutete, was die Tragik dieser Szene noch mehr unterstrich. Robert stand wie versteinert da. Eine Menge Leute hatten gesehen, was geschehen war, einschließlich der Personen auf dem Boot, die nicht mehr rechtzeitig genug gekommen waren. Lisa war tot, ertrunken. Allen hatte versucht, sie zu retten, aber sie hatte sich in ihrer Panik zu sehr gewehrt. Das kam vor bei Ertrinkenden, egal welch gute und erfahrene Schwimmer sie waren. Lisa war untergegangen, und Allen hatte sie hochgeholt, aber sie hatte schon zu viel Wasser in den Lungen. Ertrunken. Lisa war tot.

»Ich werde mir das nie verzeihen können«, klagte Allen Morany, er konnte seiner Verzweiflung nicht Herr werden. »Ich habe versagt, wo ich es nie für möglich gehalten hätte! Ich bin Rettungsschwimmer! Das werden Sie mir niemals verzeihen können, Robert, und zu Recht! Ich war da, ich war doch da, ich bin Rettungsschwimmer …« Er konnte nicht mehr weitersprechen, das Schluchzen schüttelte ihn zu sehr. Robert sah sich genötigt, den gepeinigten Mann zu stützen, während Rettungsdienst und Polizei eintrafen.

Bonus

Aische

Aische hat sich entschieden zu leben.

Sie kommt als Nesthäkchen der Familie zur Welt. Drei ältere Brüder hat sie, kräftige Jungs. Die anderen Geschwister, so erfährt Aische später, sind gestorben, weil sie zu schwach waren. Und nach Aische wird es keine weiteren Kinder mehr geben, hat der Arzt zu Aisches Mutter gesagt.

»Hast du deswegen geweint?«, fragt Aische an ihrem fünften Geburtstag. Sie hätte gern eine kleine Schwester gehabt.

»Nein. Ich bin froh, keine Kinder mehr zu bekommen«, antwortet Aisches Mutter. »Ich werde zu alt dafür. Dein Vater ist auch froh.«

»Warum hast du dann geweint, als ich auf die Welt gekommen bin?« Das weiß Aische von ihrem Vater.

»Weil du ein Mädchen bist.«

»Ist es nicht gut, ein Mädchen zu sein?«

Darauf gibt Aisches Mutter keine Antwort. Als Aische nochmal nachfragt, weil sie es unbedingt wissen will, gibt die Mutter ihr eine Ohrfeige.

Aische lernt, dass ein Mädchen eine Frage immer nur einmal stellen darf, auch wenn es keine Antwort bekommt.

Aisches Vater hat Ziegen. Als Aische alt genug ist, hilft sie beim Melken und schleppt stolz die schweren Eimer, in der die Milch schwappt. Manchmal hilft ihr ein Bruder. Und ein anderer steckt ihr ein Stück süßen Fladen zu. Alle streichen gern über Aisches dickes, schwarzes, lockiges Haar. Aische ist hübsch. Sie ist gesund. Sie ist fröhlich. Sie lacht bei der Arbeit. Sie lacht beim Essen.

Die Brüder mögen sie und scherzen mit ihr. Der Vater nimmt sie auf den Arm und gibt ihr einen Kuss. »Mein Sonnenschein«, sagt er und lacht. Sein rauer Bart kratzt ihre Wange, aber Aische lacht mit.

Die Brüder gehen zur Schule. Aische nicht. Das Geld reicht nicht dafür. Aische verspricht, mehr zu arbeiten, damit sie auch auf die Schule gehen darf.

»Es ist nicht so wichtig«, sagt die Mutter. »Du kannst ja doch nichts damit anfangen.«

Aische trifft sich mit den anderen Mädchen aus dem Dorf, die alle ihre Freundinnen sind. Sie kichern und schwatzen. Ein paar von ihnen dürfen auf die Schule, und die anderen hören neiderfüllt ihren Erzählungen zu. Sie sind eine verschworene Gemeinschaft und hecken einen Plan aus: Die Schülerinnen wollen den ärmeren Freundinnen beibringen, was sie gelernt haben. Aische ist mit Feuereifer dabei und saugt alles in sich auf. Sie erzählt es nicht daheim, dass sie schreiben und lesen lernt, und inzwischen auch schon ein bisschen zählen kann. Sie will die Eltern damit überraschen, wenn sie größer ist und schon richtig gut. Die werden Augen machen!

Aisches Mutter zwingt sie, ihr Haar mit einem Tuch zu bedecken, als Aische zehn wird. Es ist schön bunt, aber Aische mag es nicht, sie fühlt sich eingesperrt.

»Warum darf ich mein schönes Haar nicht mehr zeigen?«, fragt sie.

Statt einer Antwort gibt die Mutter ihr eine Ohrfeige.

Aische lernt, dass ein Mädchen nur dann eine Frage stellen darf, wenn es ihm erlaubt wird.

Als Aische elf ist, werden die Ziegen krank und sterben. Aisches Vater sitzt düster herum. Er lacht nicht mehr. Er nimmt Aische nicht mehr in den Arm. Die zwei älteren Brüder suchen Arbeit. Der dritte ist noch zu jung. Aisches Mutter hat nicht genug Essen im Haus. Und sie wird krank, liegt oft da und ist zu schwach, aufzustehen. »Wie soll es weitergehen?«, fragt sie Aisches Vater.

»Ich werde zu Yusuf gehen und mir Geld leihen«, antwortet er und nimmt Aische mit.

Yusuf ist ein reicher Mann, weiß Aische. Er trägt einen dicken Turban und einen langen Bart und saubere, weiße Sachen. Er hat viel zu sagen im Dorf. Er wird Aisches Vater helfen, hofft sie, und ist stolz, dass der Vater sie mitnimmt. Sonst hat er sie in der letzten Zeit kaum wahrgenommen.

Yusuf hört sich die Geschichte von Aisches Vater an. Er sagt: »Ich werde dir Geld geben, damit du neue Ziegen kaufen kannst. Und für den Arzt gebe ich dir auch Geld, damit deine Frau wieder gesund wird.«

»Wie kann ich dir danken?«, sagt Aisches Vater erleichtert.

Yusuf schaut Aische an. »Ich werde noch mehr für dich tun«, sagt er. »Ich werde Aische zur Frau nehmen, wenn sie zwölf ist. Sie wird immer satt sein und gut gekleidet. Eine angesehene Frau. Deinem ältesten Sohn verschaffe ich Arbeit in der Stadt. Keiner von euch wird mehr Mangel leiden müssen.«

Aisches Vater denkt nach. Dann stimmt er zu. Auf dem Heimweg ist er zum ersten Mal wieder fröhlich.

Aische fragt ihre Freundinnen, was es wohl bedeuten mag, Yusufs Frau zu werden. »Du wirst reich geschmückt werden am Hochzeitstag«, sagen sie. »Und dann wirst du bei Yusuf leben und ihm dienen.«

»Mutter«, sagt Aische. »Ich will noch nicht Yusufs Frau werden und ihm dienen. Ich will bei dir bleiben und für dich sorgen.«

»Gutes Kind«, sagt die Mutter. »Aber du wirst tun, was dein Vater sagt. So ist es für uns alle das Beste. Du wirst gut versorgt sein, immer zu essen haben und schöne Kleider tragen. Du wirst eine angesehene Frau sein im Dorf.«

»Aber Yusuf ist ja noch älter als Vater«, wendet Aische ein. »Er ist doch ein uralter Mann.«

»Das hast du nicht zu entscheiden«, sagt Aisches Mutter.

»Aber das ist ungerecht«, beschwert sich Aische.

»Du bist nur ein Mädchen«, sagt die Mutter. »Du tust, was man dir sagt. Gehorche und schweige, und alles wird gut sein. Du wirst Yusuf treu dienen. Das ist gottgefällig, und Allah ist groß.«

Aische schweigt.

Aisches Mutter fügt hinzu: »Nun siehst du, wie richtig es war, dich nicht auf die Schule zu schicken. Du wirst von mir alles lernen, was du brauchst.«

Am Hochzeitstag sagt Yusuf zu Aische: »Du bist nun meine Frau und lebst in meinem Haus. Du wirst in meinem Bett schlafen, wenn ich es verlange. Du wirst nicht weinen und nicht nörgeln. Dafür gibt es keinen Grund. Ich bin ein guter

Mann.« Zum Beweis gibt er Aische eine Ohrfeige, die nur rote Striemen seiner Finger hinterlässt und die sicher am nächsten Tag verschwunden sind. »Siehst du? Keine blauen Flecken«, sagt Yusuf und trocknet lächelnd Aisches Tränen. »Tränen der Braut am Hochzeitstag bringen Glück«, sagt Yusuf. »Das ist ein gutes Omen.«

An ihrem Hochzeitstag sieht Aische ihre Freundinnen zum letzten Mal. Sie darf Yusufs Haus nicht mehr verlassen. Sie vermisst die Familie, aber als sie Yusuf bittet, ihre Eltern besuchen zu dürfen, sagt er: »Ich sorge für dich. Ich bin deine Familie. Du brauchst sonst niemanden.«

Als Aische dreizehn ist, bekommt sie ihr erstes Kind. Daheim, hat Yusuf verlangt, weil der Arzt in der Klinik sonst unverschämte Fragen stellt, die unehrenhaft für Aische sind. Aische ist während der Schwangerschaft nie untersucht worden, weil Yusuf nicht will, dass die Leute wissen, was für eine hübsche Frau er daheim hat. »Sie sind neidisch«, sagt er zu Aische.

Aische ist froh, dass sie schwanger ist. Yusuf sagt: »Du bist fett und hässlich«, und lässt sie in Ruhe. Er schlägt sie nicht einmal mehr. Sie schläft allein und ohne Angst vor der Nacht und den Schmerzen. Es geht ihr gut, auch wenn sie einsam ist.

Nur ihre Mutter steht Aische zur Geburt bei, und eine Nachbarin, die schon viele Kinder auf die Welt gebracht hat. »Sie ist kräftig«, sagt die Nachbarin. »Sie wird es durchstehen.«

»Schrei nicht so laut«, mahnt Aisches Mutter, als sie sich in Presswehen windet, »das mögen die Männer nicht. Es stört sie beim Kaffeetrinken. Frauensachen dürfen die Männer nicht beeinträchtigen. Wir sind stark und still.«

Endlich ist das Kind da. »Ein Junge«, sagt die Nachbarin.

»Gepriesen sei Allah«, sagt Aisches Mutter und schließt die Augen im stummen Gebet.

»Darf ich jetzt nach Hause?«, bettelt Aische.

»Nein«, antwortet Aisches Mutter. »Yusuf wird sehr zufrieden sein, und nächstes Jahr wirst du ihm einen zweiten Sohn gebären. Wir werden viele Ziegen bekommen.«

Aische weint.

»Hör auf!«, herrscht die Mutter sie an. »Du bist eine Schande für mich. Du hast das beste Leben bei einem angesehenen und vermögenden Mann. Er sorgt für uns. Du bist undankbar! Niemand mag eine nörgelnde Frau, die immer unzufrieden ist. Jede andere wäre glücklich, an deiner Stelle zu sein!«

Aber Aische will gar nicht an ihrer eigenen Stelle sein.

»Es ist so«, sagt die Mutter abschließend, »entweder, du bist eine gute Frau, oder du bist tot.«

Aische hat sich noch nicht entschieden.

Bibliographie

Jagdfieber
Erstveröffentlichung (2023). Die Story kam ungeplant zwischen zwei Arbeiten daher.

Der perfekte Friede
La paix parfaite, Lunatique 69, Eons 2005.
Lerato, 2008 (in: Der Himmelspfeifer, Hg. Alisha Bionda).
p.machinery, 2011 (in: Der perfekte Friede, Hg. Alisha Bionda).

Cybertopia
MUT-Verlag, 2001 (in: Wagnis 21, Hg. Jörg Weigand).

Mein Wiener Flittchen
Fabylon, 2006 (in: Wiener Roulette, Hg. Uschi Zietsch). Was das mit dem *Guglhupf* zu bedeuten hat: So wird umgangssprachlich in Wien eine geschlossene Einrichtung für geistesverwirrte Menschen genannt.

Jutta
Nova 15, 2009.

Höllentausch
Erstveröffentlichung (ca. 2003).

Pandoras Letzter Wille
Exodus Nr. 20, 2006.

Der unaufhaltsame Tod des Peter G., Nostalgiekönig
Erstveröffentlichung (ca. 1991).

Der Spiegel
Erstveröffentlichung (ca. 2009).

Arabellas Nacht
Fabylon, 2011 (in: Zwei Engel der Nacht, Hg. Jörg Weigand).

Der Wünschelbrunnen
Fabylon, 2019 (in: Phantastisches Schwaben, Hg. Uschi Zietsch) Diese Geschichte ist die älteste und erweitert worden. Ursprünglich ging es nur um Krabitz' Geschichte mit boshaftem Ende, verfasst 1978.

Die alte Katze und das Meer
Arunya, 2016, (in: Meerkatzen, Hg. Bionda).

Ein Mann und ein Hund
Erstveröffentlichung (ca. 1990).

Eine weiße Nacht
Erstveröffentlichung (ca. 1985).

Der künftige Mord
Erstveröffentlichung, 2005 3. Preis des Filmmuseums Berlin (Storywettbewerb).

Fürchte das Wasser, es hat keine Balken
Erstveröffentlichung (1991). Diese Geschichte basiert auf meinem Beinahe-Schwimmunfall auf Madeira, denn obwohl viele Leute da waren, hat niemand meine Nöte bemerkt, dass das Meer mich nicht mehr an Land lassen wollte.

Aische
Erstveröffentlichung, 2008 1. Platz amnesty international/Armin T. Wegner Gesellschaft, Storywettbewerb »Menschenrechte«.